強い会社が
実行している

「経営戦略」の教科書

改訂版

笠原英一

KADOKAWA

はじめに

いま、日本企業に求められる
戦略的アプローチ

　本書の初版は、ビジネス・スクール向けのレクチャー・ノートとして、2週間ほどで一気に書き上げたものでした。また、コンサルティングを進めるにあたり、プロジェクト参加者が戦略策定に必要な知識を事前に共有しておけば作業を効率的に進められるのではないかという意図もあり、プロジェクトに参加する前に各自でお読みいただく書籍として使っていただけるかもしれないという期待もありました。

　おかげさまで2013年の初版から、思いのほか多くの読者にお読みいただき、有意義なご意見をいただくことができました。

　最近では特に、「グローバル市場への展開やDX（デジタル・トランスフォーメーション）の対応についても言及してほしい」というコメントをいただくようになりました。グローバル市場における経営については、訳書『グローバル戦略市場経営』（イアン・アーロン、ユージン・D・ジャッフ著、2017年、白桃書房）にて書かせていただきましたが、このたび、AI、IoT、ビッグデータなどの技術トレンドや新しい事例なども加え、改訂版として本書を皆様にお届けできることになりました。

　日本企業の経営に関しては、以前にも増して、グローバリゼーションとディジタリゼーションが大きな影響を与えるようになっています。この2つの大きなトレンドは、成長機会を生み出すと同時に不確実性

も拡幅させています。さらに近年の「働き方改革」の流れを受けて、経営の現場では、時間的な制約を抱えながらより多くの不確実性の高い業務をこなすことを強いられています。同時に、コンプライアンス強化によってやたらと社内規制に縛られることも多くなり、日々の業務に忙殺されて、戦略的な意思決定はどんどん後回しにされています。

コンサルティング・プロジェクトを進める過程で、企業の皆様が感じている課題について質問しますと、「あまりにも多くのことに風呂敷を広げ過ぎている」「選択と集中とか言うけど、結局あれもこれも、これもあれもやることになってしまう。薄利の事業も予算達成のためには捨てられない」「決定できないミドルが会社の変化スピードを殺している」「利益の出ない売上を増やして現場の作業量を増加させて、働き方改革で残業時間を削れ、そしてコンプライアンスでリスクも取るなって、いったい何をやれば良いんですか」というようなコメントが寄せられます。

いま、日本企業に求められているのは、付加価値の高い事業を企画して推進できるリーダーです。勝てる領域に資源を集中して、きっちり勝つこと。果敢に攻める事業に必要な資源を傾斜配分して、勝つシナリオを描き、できる人に任せて、鼓舞すること。物事にシンプルな優先順位をつけて、必要ないことをやめること。オペレーションから複雑性を取り除いて、やるべきことに集中できる体制を作ることなど、ごく当たり前のことを当たり前にできる経営を実現することです。

そしてそのために必要なのが、戦略的なアプローチの実践です。本書が上記のことにいくらかでも貢献できますことを願う次第です。

改訂版を出版するにあたり、株式会社KADOKAWAの繁田真理子氏からたくさんの有益なアドバイスをいただきました。この場をお借りして御礼申し上げます。単に、校正作業にかかわるコメントだけで

はなく、一読者の立場から的確なご示唆をいただきました。最後に、厳しくも、興味の尽きない経営の現場に導いてくださっている国内外のクライアントの皆様に心から感謝申し上げます。

2019年7月　梅雨の鎌倉にて
笠原英一

強い会社が実行している
「経営戦略」の教科書

CONTENTS

はじめに

いま、日本企業に求められる
戦略的アプローチ 003

PART 0 INTRODUCTION

強い会社は、戦略の「立て方」が違う

《概論》

01 なぜ、今までの経営戦略は機能しないのか 016

「戦略」が「業績」に結びつかない原因を探る

「戦略」と「業績」のメカニズム

経営戦略のエッセンス

経営戦略の構成要素

これまでの経営戦略が機能しなかった理由を振り返る

02 経営戦略とは、成功のためのシナリオである 022

「物足りない戦略」には何が足りないのか

優れた戦略には「成功へのシナリオ」がある

03 強い会社が実行している
「戦略策定15のステップ」 ……………………………… 026

魅力的な「戦略オプション」を創出する

COLUMN1 ミンツバーグの戦略類型論 ………………………… 030

PART 1 CORPORATE STRATEGY

強い会社は、自社の「立ち位置」が見えている

《企業戦略》

04 持続的に企業を成長させるための
「企業戦略」の立て方 ……………………………………… 034

どの事業領域で経営を展開すべきか

企業戦略は「経営資源の配分」、事業戦略は「経営資源の活用」

企業戦略は5ステップで考える

05 ステップ① 企業理念
社会にどのような価値を提供するのか ………………… 038

企業としての「価値観」を明確にする

「同じ業界」にいても「競合」とは限らない

06 ステップ② 現状分析

企業を取り巻く大きな変化は何か······040

マクロな視点での環境分析が求められる

---

07 ステップ③ 企業目標

計画期間内にどこを目指すのか······042

経営は「サイエンス」と「アート」の融合

「目標設定」の意味合いは状況によって変わる

---

08 ステップ④ 事業領域

どのような顧客に、
どのようなソリューションを提供するか······044

製品・市場マトリックスで事業領域が見える

事業領域はどのような状況にあるか

市場開発・製品開発・多角化

グローバル展開は「2段階スクリーニング」で考える

事例：Nestleのグローバル展開

評価項目の選別方法

---

09 ステップ⑤ 資源配分

ヒト・モノ・カネをどう配分するか······052

企業戦略の締めくくりが「資源配分」

「製品」ではなく「SBU」を単位とする

ボストン・コンサルティングが開発したPPMの4象限

Y軸とX軸を比較する

PPMに対する批判

COLUMN 2　経営戦略にも条件適合的なアプローチが必要 ………… 060

PART 2 BUSINESS STRATEGY

強い会社は、各事業が「シェア」を順調に広げていく

《事業戦略》

10 事業の範囲を定義して、とるべきポジションを明確にする ……………………… 064

「企業戦略」と「事業戦略」の位置関係をつかむ

「戦う」か「戦わない」かを選ぶ

11 ステップ⑥　事業ビジョン
「達成したい、ありたい姿」はどのようなものか ……… 068

「ミッション」と「ビジョン」

「ビジョン」には2種類ある

12 ステップ⑦　現状分析

その事業の「現状」と「将来」はどうか ⋯⋯⋯⋯⋯⋯⋯ 070

事業戦略立案のための４Ｃ分析

顧客・市場分析（customers）

競合・業界分析（competitors）

自社資源分析（company）

マクロ環境分析（context）

13 ステップ⑧　事業目標

その事業で、計画期間内に何を達成するのか ⋯⋯⋯⋯ 088

５つのポイントを押さえる

「対環境相互作用性」と「環境予測可能性」

14 ステップ⑨　事業範囲

勝負する「土俵」の範囲をどう定めるか ⋯⋯⋯⋯⋯⋯ 090

「製品」と「市場」をどう考えるかが重要

15 ステップ⑩　競争戦略

目標を達成するために、どのように戦うか ⋯⋯⋯⋯⋯ 094

ポーター・モデル、コトラー・モデルの「本当の使い方」

競争地位別の４つの基本戦略類型

COLUMN 3　問題解決のための仮説設定プロセス ⋯⋯⋯⋯⋯⋯⋯ 098

PART 3 FUNCTIONAL STRATEGY

強い会社は、
戦略を確実に「具現化」させる

《機能戦略》

16 戦略を動かすための「機能戦略」................................ 102

機能戦略には3つのステップがある

17 ステップ⑪　マーケティング戦略
顧客のニーズをどう満たすのか................................ 104

マーケティングは「顧客への価値を創造するプロセス」

マーケティング戦略の総論

マーケティング戦略の各論

マーケティングの応用

18 ステップ⑫　バリュー・チェーン
価値を創出するシステムをどう構築するか.............. 134

必要不可欠な3つのプロセス

19 ステップ⑬　組織・制度
戦略を機能させるためのインフラをどう整えるか.... 140

マッキンゼーの「7つのS」

COLUMN 4　テクノロジー・ライフサイクル............................ 144

PART 4 SOCIAL BOND

強い会社は、
目に見えないものも「評価」する

《業績・成果》

20 経営戦略の成果はどのように測定するのか ⋯⋯⋯⋯ 148

事業戦略は「数字」で表現できてナンボ

売上モデルはより良い戦略を考えるためのもの

事業活動の成果指標

伝統的な手法で十分シミュレーションできる

21 ステップ⑭　ブランド・リレーションシップ
顧客との「絆」をどうつなぐのか ⋯⋯⋯⋯⋯⋯⋯⋯⋯ 154

ブランドは4つの階層で整理する

22 ステップ⑮　事業性評価
売上と利益をどう評価するのか ⋯⋯⋯⋯⋯⋯⋯⋯⋯ 156

押さえるポイントは最小限で良い

COLUMN 5　イノベーションが求められているのは
戦略だけではない ⋯⋯⋯⋯⋯⋯⋯⋯ 160

PART 5 PRESENTATION

強い会社は、
やるべきことを明確に伝える

《プレゼンテーション》

---

23 戦略に深みを持たせる「伝え方」 ･･････････････････ 164

プレゼン資料は「4ステップ」で組み立てる

---

24 ポイント①
事業目標の実現に有効な戦略要素を組み合わせる ････ 166

事業戦略のポイントを押さえる

---

25 ポイント②
事業戦略案に含まれる仮説をリストアップする ･･････ 168

シナリオ化すると同時に仮説をリストアップする

---

26 ポイント③
事業戦略案をピラミッド・ストラクチャーで編集 ････ 170

現状分析、総論戦略、各論戦略の3つのブロックで表現

27 ポイント④

要点を絞ってサマリーを作成 172

ビジネス・プランを基にエグゼクティブ・サマリーを作成

28 わかりやすさを追求する 174

シンプルに、ロジカルに

おわりに　176

参考文献　179

INTRODUCTION

PART 0

強い会社は、
戦略の「立て方」が違う

《概論》

01

INTRODUCTION

なぜ、今までの経営戦略は
機能しないのか

» 「戦略」が「業績」に結びつかない原因を探る

　本書では、「経営戦略が機能しないと認識されることがなぜ多いのか」ということから考察します。

　「経営戦略がうまく機能しない」という言葉は、どのような理由から出てくるのでしょうか。おそらく、背景には、「事前にいろいろ考え戦略を立てて事業に取り組んではみたものの、思うように業績が上がっていない」という事実があるように思われます。

　まずは、業績を決定するメカニズムから確認しておきましょう。

» 「戦略」と「業績」のメカニズム

　企業の業績（売上・利益）は、企業を取り巻く「経営環境（マクロ環境・市場・競合）」「経営資源（自社）」と、企業がとる「行動（アクション）」によって決まります。

　簡単に表現すると次のようになります。

業績 = f [01]（経営環境、経営資源、自社の行動）

　これに対して経営戦略とは、図1のようなメンタル・モデル[02]において、企業を取り巻く経営環境の中で行動を具体化していくためのガイ

01　f：
function、関数。

02　メンタル・モデル：
外界の現実を仮説的に説明するべく構築された内的な記号または表現。認識と意思決定において重要な役割を果たす。メンタル・モデルが構築されると、個別に時間とエネルギーをかけて考察する煩瑣なプロセスが効率化される。

図1 業績達成に関するメンタル・モデル

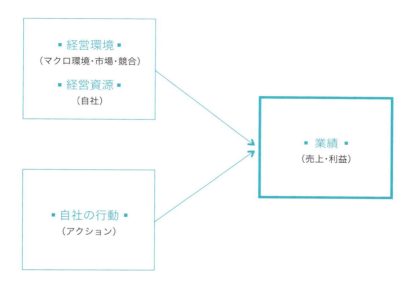

ドライン的な機能を果たします。

》経営戦略のエッセンス

次に**経営戦略の構成**を考えてみましょう。経営戦略論では、今までさまざまな戦略類型が提示されてきました。

古典的なものとしてアルフレッド・チャンドラーの定義があります。「戦略とは基本的な長期目標を決定し、その目標を達成するための活動の方向性を採択し、そのための資源を配分することである」というものです。

また、比較的最近のものでは、ヘンリー・ミンツバーグの創発的戦略論があります。戦略は「あらかじめ計画的に策定されると同時に、創発的に形成されなければならない」と述べられています。

戦略類型論については30ページのコラムにゆずるとして、経営戦略を実務的に必要な最低限のレベルで共有しようとするならば、**現在地（現状）と目的地（目標）、およびそこに行く方法の３つの要素**での説明で十分だと考えます。「そこに行く方法」は、事業領域や事業範囲として表現されるケースが一般的です。さらには、事業領域が明確になると同時に、競合関係にある他社が認識されるわけで、**その競合に対してどのような優位性を作り出すことができるか**ということがポイントになります。

　ちなみに軍事戦略と経営戦略は、本質的には極めて近いのですが、あえて違いを述べるとするならば、軍事戦略が、あの手この手で直接的に敵を倒すということを考えるのに対して、経営戦略では、直接競合に対して物理的に攻撃することはできないという点です。

　つまり、**自社のソリューションをいかに強く顧客へアピールできるか**ということを中心に競争が展開されるわけです。製品やサービスの質、価格競争力、買いやすさ（アクセスの良さ）、説得力のあるコミュニケーション方法などによって、競合より優位な展開をすることが、市場における勝敗の決め手になります。

》 経営戦略の構成要素

　経営戦略の構成要素は、**経営環境と経営資源にフィットする目標の設定、その目標を達成していくための事業領域の設定、その領域における競争優位性の創出**、そして**これらの要素を結びつけて目標達成を可能にしていくシナリオ**です。

　ちなみにここで言う事業領域（事業の範囲＝scope of business とも呼びます）の設定とは、どのような製品をどのような市場に提供し、そのために自社はどのような機能（開発、生産、販売、サービス）を担うのかを明らかにすることを意味しています。

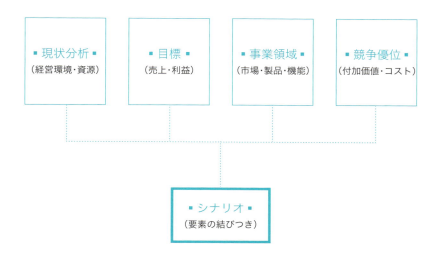

図2 経営戦略の構成要素

» これまでの経営戦略が機能しなかった理由を振り返る

　もし、「経営戦略が機能しない」理由が、「業績が期待していたほど良くなく、設定した目標を達成できなかった」ことにあるならば、まず、**現状分析、つまり経営環境（マクロ環境、市場、競合）と経営資源（自社）の分析が十分だったかどうか**確認してみてください。

　一般的によく見られるケースとしては、自社分析についてはかなりの充実度、マクロ環境分析はそれなりに、市場分析はややおざなり、競合分析となると、『四季報』からの単なるコピーなどというレベル感の分析が多く見られます。もしあなたの会社の現状分析がこのようなものであるとしたら、『四季報』をコピーしただけで競合他社の分析ができたという感覚や認識はぜひ改めていただきたいと思います。

　また、競合分析については、**競合他社の将来の方向性**までつかみた

いものです。これがつかめない限り、経営の現場では意味がありません。

　現状分析（経営環境と経営資源）が十分だったとしたら、次のチェックポイントは**現状分析と目標の整合性**です。経営環境や経営資源に照らし合わせて、**そもそも設定した目標が現状を無視したようなレベルであったり、あいまいなものではなかったか**ということです。

　経営戦略における目標は、**SMART**（S=specific、M=measurable、A=achievable、R=result-oriented、T=time-bound）に設定しなければなりません。これは、目標は、達成可能なレベルを具体的に特定すべきということを意味しています。さらに、測定可能な指標で、結果志向で、期間を意識して設定することが大切です。

　次のチェックポイントは**目標と事業領域の整合性**、つまり**目標にふさわしい事業領域が選択されていたか**です。目標が大きいにもかかわらず、そして従来の事業領域が成熟しているにもかかわらず、その領域での市場浸透に終始しているようでは、どのような打ち手を展開しても厳しい結果になることは明白です。そのような場合には、事業領域の転換や拡大が必要になります。

　次は、**選択した事業領域において、既存の、そして潜在的な競合企業に対する相対的な優位性を実現し、それを維持することができていたかどうか**です。競争優位性を単純に表現すると、競合他社の製品やサービスに比較して、顧客がより高い価値を認めてくれるものを提供できているかどうかということ、または、それと同じ価値レベルのものを競合企業よりも低コストで提供することができるバリュー・チェーン[03]があるかどうかです。

03　バリュー・チェーン：
開発・生産・販売・サービス等から構成された付加価値創
造の機能連鎖。

図3 現状分析の実際

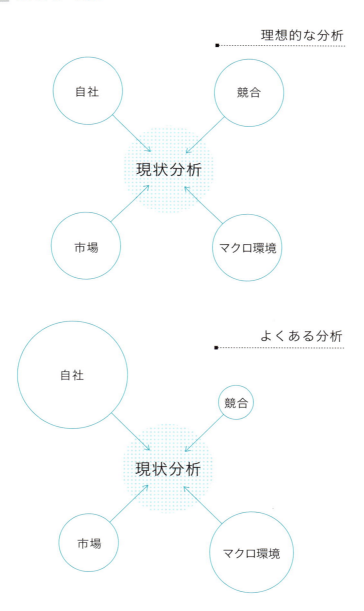

02   INTRODUCTION

経営戦略とは、
成功のためのシナリオである

≫「物足りない戦略」には何が足りないのか

　最後は、**経営戦略の構成要素を結びつけて目標達成を可能にするためのシナリオがあるかどうか**です。

　みなさんの中には、所属する会社に提出した事業計画や事業戦略などに関して、経営幹部から、「形式的には悪くないのだけれど、どこがどうというわけではないんだけれど、何か物足りないんだよな～」とか、「この戦略提案には、何か面白みが足りないんだよな～」という意見をもらったことのある人はいないでしょうか。もしそういう指摘があったとしたら、要注意です。場合によっては、抜本的に考え直す必要があるかもしれません。

　例えば、次のメッセージを検討してみてください。

> 　我が社の戦略は、大量生産によって、中級グレードの電子レンジ市場でのグローバルリーダー企業になることである。

　このメッセージには、短いながらも戦略の構成要素がきちんと含まれていることにお気づきでしょうか。

　事業領域は、中級グレードの電子レンジ世界市場です。目標は、言

04　コントラクト・マニュファクチャラー：
Contract Manufacturer. 生産のみを受け持つ外注工場。
原材料・部品については委託者から供給されるケースと、
自らが調達するケースがある。

うまでもなく、その市場でのグローバルリーダーというポジションの達成です。競争優位性は、低い生産コストということになります。

この提案内容はそれなりにシンプルで明確なのですが、**戦略を構成する要素を具体的にどのように結びつけてグローバルシェアNo.1になるかというシナリオがまったく見えません**。そのために、何か物足りなく、いまひとつ面白みのないメッセージになっていると考えられます。

» 優れた戦略には「成功へのシナリオ」がある

次のメッセージはどうでしょうか。

> 欧米の完成品メーカーは、生産のアウトソーシングにより、効率アップを図ってきたが、その過程で工場や製造部門が不要になる。当社の戦略は、そのような欧米の完成品メーカーから中古の生産設備を購入し、大規模生産工場にして、それを活用しながら、コントラクト・マニュファクチャラー（いわゆるEMS[04]のサプライヤー）として、生産シェアを大きく伸ばすというものであった。
>
> 今後も完成品メーカー＝OEM[05]のアウトソーシングの受け皿として機能することにより、一定の受注を確保すると同時に、グローバル市場で高い成長が期待され、かつ、OEMと直接競合しないミドルクラスとロワークラスの市場セグメント向けに、コストパフォーマンスの高い自社ブランド製品を提供していく。それにより、同セグメントの成長に貢献すると同時に、セグメント内シェアの拡大を図る。下記がコスト削減方策である。
>
> 1. 必要最小限の機能に特化した製品コンセプト（設計簡素化によるコスト削減）
> 2. 大規模生産システムの確立（規模の経済）

06　OEM：
Original Equipment Manufacturer.部品、デバイス、材料を他社から購入して、それらを組み込んで自社の一次製品を作るメーカーを意味する。PC、計測器、制御機器、OA機器、家電、自動車、自動車関連エレクトロニクスなどのマニュファクチャラーがOEMの典型的な例である。同じくOEMと略されるOriginal Equipment Manufacturing（相手先商標製品委託生産方式）とは意味する内容が異なる。

05　EMS：
Electronics Manufacturing Service 。電子機器の受託生産を行うサービスを意味する。

3. 大企業からのシニア熟練工採用（経験曲線効果）
4. オープン・モジュラー型の設計（生産コスト削減）

　最後は、上記の裏づけに基づく破壊的な低価格戦略を実践して、競合他社に対する圧倒的な競争力を実現する。同時にワールドワイドで、e-コマースを通してシェア拡大を図る。究極的には、このモデルを電子レンジ以外の家電にも適用して、家電のフルラインアップ化を目指す。

　いかがでしょうか。このメッセージは22ページのものより、2つの点で戦略提言として完成度が高くなっています。

　まず、大量生産、大量販売によるコスト競争力強化、それによる対象セグメントにおけるシェアアップまでのシナリオがかなり明確に記述されています。なぜ、そのようなことが可能になるのかという根本的な疑問についても、企業として持っている資源や能力をふまえて明らかにしています。

　次に、対象としているセグメントがなぜ魅力ある市場なのかということについても、高い成長が期待されるだけではなく、コスト・リーダーシップ戦略を吸収できるだけの市場が十分な規模で形成されつつあるということを論理的に説明しています。あとは、そのことを市場分析のところで数字で説明できれば十分でしょう。

　戦略の構成要素を順番にまとめたものが戦略計画だとしたら、**経営戦略とは、目標、事業領域、競争優位性などの戦略構成要素がどのように結びついて展開され、目標達成が可能になり、企業や事業が成功に導かれるのかというシナリオがあるもの**と考えていただいたら良いのではないかと思います。

図4 完成度の高い戦略シナリオ

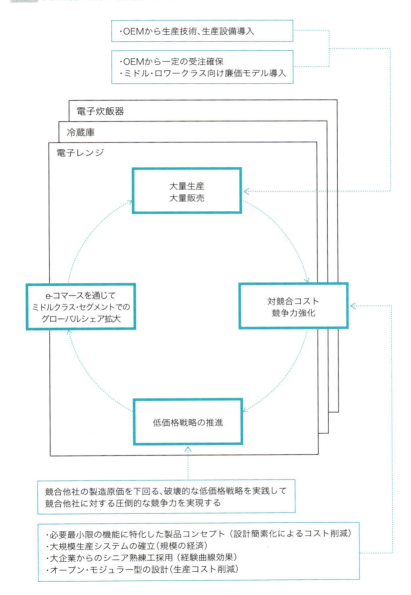

03 INTRODUCTION

強い会社が実行している
「戦略策定15のステップ」

» 魅力的な「戦略オプション」を創出する

　本書のテーマは、**市場、競合等の環境変化と自社の経営資源や能力
を総合して、自社のビジネスへの影響を考え、適切な方向性を考えら
れる戦略的思考の強化**です。魅力的な戦略オプションを創出するた
めのエッセンスを「15のステップ」として体系的にフローチャートと
してまとめています。

　15のステップを大きく5つの章に分け、それぞれ企業戦略、事業
戦略、機能戦略、業績・成果、プレゼンテーションというテーマで解
説しています（28〜29ページ図5参照）。

　1章のテーマである企業戦略には、①企業理念の明確化、②経営環
境・経営資源分析、③企業目標の設定、④事業領域（製品・市場）の
定義、⑤資源配分（PPM）の5つが含まれます。

　2章では、事業戦略というテーマで、⑥事業ビジョンの明確化、⑦
現状分析（4C分析＋SWOT）、⑧事業目標の設定、⑨事業範囲（製
品・市場）の設定、⑩競争戦略の5つをカバーします。

　3章では、機能戦略として、⑪マーケティング・市場戦略（STP
＋4Ps）、⑫バリュー・チェーン、⑬組織・制度を検討します。本書
では、マーケティングを機能戦略の章に含めていますが、マーケティ

026

ングは、提供する価値の開発やその提供方法を通して、直接的に事業に影響を及ぼします。またそれだけではなく、研究・開発、生産・製造、営業・販売、物流・ロジスティックスという諸機能との結節点としても機能します。すなわち、マーケティングは本質的に事業全体の価値創造にかかわる事業戦略としての性格も持っているという点にご留意ください。

4章では、経営戦略の成果としての⑭ブランド価値と⑮事業価値についてコメントします。ブランドは認知されることから始まりますが、そのゴールは、個々の顧客との絆（ロイヤルティ）の形成と考えられます。認知から始まり、顧客との絆の形成によってブランド価値を上げていきます。ブランドを概観したあとは、経営戦略の定量的な成果としての事業価値について、売上や利益に基づく評価方法を解説します。定性的および定量的な成果の達成を通して、企業は社会との絆（Social Bond）を築いていくのです。

また、最後は、戦略策定の仕上げとなるプレゼンテーション資料の作成について、ポイントをまとめています。

図5 経営戦略の枠組み

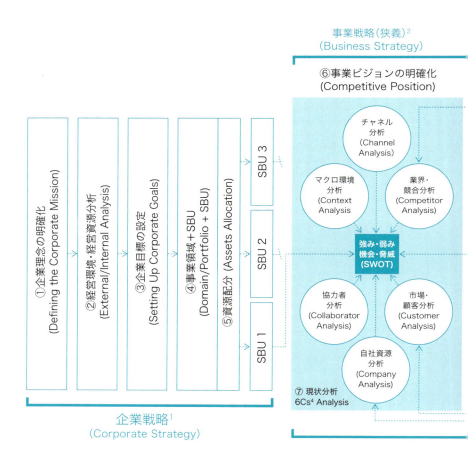

注1：企業戦略　企業全体としての成長領域の選択と経営資源の集中がテーマ。具体的には、SBU＝Strategic Business Unit（特定の製品と市場から構成される単独もしくは複数の事業の集合体であり、かつ独自の理念、目標、責任者、競合を有する戦略立案単位）を明確にし、各SBU間での資源配分を行う。

2：事業戦略　配分された資源をベースに、競争戦略（競合に対する優位性の構築）を考える狭義の事業戦略と、市場戦略（対象市場を定義し価値を創造）、および機能戦略も含めて考える広義の事業戦略がある。いずれもSBUが基本単位となる。

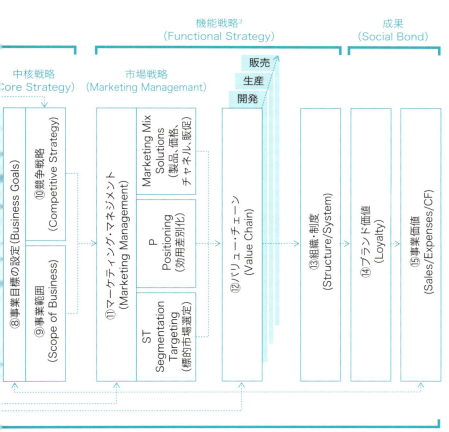

資料:笠原(2009)立教大学ビジネススクール、産業財マーケティング、レクチャーノートより抜粋

3:機能戦略　OBU=Operational Business Unit(事業運営機能単位)をベースに、SBU横断的に研究・開発、生産・製造、営業・販売、物流・ロジスティックス、財務、情報等の機能を考える。
4:6Cs　Company(自社)、Customers(顧客・市場)、Competitors(競合・業界)、Context(マクロ環境)の4Cに加えて、Collaborators(供給業者・協力者)、Channels(チャネル)の6つのCを把握分析。

INTRODUCTION

COLUMN 1

ミンツバーグの戦略類型論

「戦略」は、ビジネスで最も頻繁に使われている用語のひとつです。一般的には「組織の使命や目標を実現するための施策の集合体」的に使われていますが、実は各人、各社で意味する内容がかなり異なっています。

経営学において「戦略」が脚光を浴びるようになったのは、1960年代前半のころです。それ以来、数多くの研究者がいろいろな戦略論を展開してきました。

戦略の類型論として網羅的なミンツバーグの考え方をご紹介します。ミンツバーグはカナダの研究者ですが、米国（中でもハーバード・ビジネス・スクール）中心に発展してきた戦略論を極めて客観的に、時としてシニカルに批評しながら、戦略分野の鳥瞰図を提供してくれています。ミンツバーグの戦略類型のポイントは以下の通りです。

戦略には、まず、将来のことを定める計画（plan）としての側面と、過去においてとってきた行動とその傾向（pattern）としての側面があります。これからの3年間の基本的な戦略は何ですかと問えば、計画としての戦略に関するコメントが返ってくるでしょう。しかし、過去5年間にとった戦略はどうだったかと尋ねると、実際に実施した打ち手が返ってくることになるのではないでしょうか。それが長年繰り返されると、一貫した活動パターンとなるわけです。

計画とパターンの他に、もう2つのPを付け加えることができます。ポジショニングとパースペクティブです。ポジショニングとは、市場に提供する価値をX軸とY軸で表現した、いわゆるポジショニング・マップ上で自社の製品を位置づけること、つまり、顧客市場に対する提供価値を明確にすることそのものです。もうひとつは、パースペクティブ、

つまり企業ビジョンとしての視点をふまえて事業領域を検討するという側面です。企業から市場を見下ろして意思決定を行っていくという側面と、企業のビジョンを見上げて意思決定するという側面です。

マイケル・ポーター（1966）の指摘、"Strategy is the creation of a unique and valuable position"（戦略とはユニークで価値のあるポジションの創造である）というのはポジションとしての戦略ですね。一方のパースペクティブとは、ピーター・ドラッカー（1994）の有名なフレーズ を借りれば、"theory of the business"（企業永続の理論）における事業の定義となります。

ミンツバーグの戦略類型論では、戦略としての着目点、つまり、将来を見るのか（プラン）、過去を見るのか（パターン）、上を見るのか（パースペクティブ）、下を見るのか（ポジション）という視点の方向性を基に、多様な戦略研究グループをいくつかの学派に分類しています。

その中の主なものは、以下の通りです。

プラン：デザイン学派、プランニング（計画）学派
パターン：ラーニング（学習）学派
パースペクティブ：アントレプレナー学派
ポジション：ポジショニング学派

この他にもアントレプレナーの心理に着目したコグニティブ（認知）学派、上記すべてを統合したコンフィギュレーション学派があります。

ミンツバーグの戦略類型論

	学派（Schools）	着目点（Aspects of Strategy Formation）
規範的(Prescriptive)[1]	デザイン学派[3] (Design School)	コンセプトを構想するプロセスとしての戦略策定 Strategy formation as a process of conception
	プランニング（計画）学派[3] (Planning School)	形式的な計画プロセスとしての戦略策定 Strategy formation as a formal process
	ポジショニング学派[5] (Positioning School)	市場における製品のポジション（位置づけ）のための分析プロセスとしての戦略策定 Strategy formation as an analytical process to select strategic positions
記述的(Descriptive)[2]	アントレプレナー学派[6] (Entrepreneurial School)	企業家のビジョンの創造プロセスとしての戦略形成 Strategy formation as a process of vision creation by great leaders
	コグニティブ（認知）学派 (Cognitive School)	企業家個人の頭の中でのコンセプト達成プロセスとしての戦略形成 Strategy formation as a process of concept attainment in a person's head
	ラーニング（学習）学派[4] (Learning School)	適応や学習による創発的プロセスとしての戦略形成 Strategy formation as an emergent process through adaptation and learning
他	コンフィギュレーション学派[7] (Configuration School)	ある安定的な状態から別の安定状態に変革させるプロセスとしての戦略形成 Strategy formation as a process of transformation from a stable configuration to another

資料：Mintzberg, Ahlstrand & Lampel (1998)"Strategy Safari" Free Pressを基に筆者訳出修正

注1：「規範的」学派は、戦略がどのように策定されるべきかに着目するグループである。
　2：「記述的」学派は、戦略がどのように形成されるかを多角的に描写するグループである。
　3：プランとしての戦略に着目、4: パターンとしての戦略に着目、5: ポジショニングとしての戦略に着目、6: パースペクティブとしての戦略に着目。
　7：コンフィギュレーションとは構成要素の配置。例えば設立直後の会社は、企業家的リーダー、シンプルな組織、情熱的ビジョン等から構成される。

CORPORATE STRATEGY

PART 1

強い会社は、
自社の「立ち位置」が
見えている

《企業戦略》

04

CORPORATE STRATEGY

持続的に企業を成長させる ための「企業戦略」の立て方

» どの事業領域で経営を展開すべきか

経営戦略という言葉を聞くと、特定事業における収益向上のための ビジネスモデルを考えたり、競合他社とどのように競争するかという 具体的な施策を考えることというイメージをお持ちの方も多いでしょ う。

もし、みなさんの会社が一事業のみの専業メーカーや比較的規模の 小さいベンチャーのような会社だったら、まさに経営戦略とは特定事 業の戦略を検討することを意味します。

しかし、みなさんの会社が複数の事業から構成されている場合は、 各事業の具体策を考える前に、**それぞれの事業にどのようにヒト・モ ノ・カネという経営資源を配分すべきか**を考えなくてはなりません。

持続的に企業を成長させるために、どのような事業領域で経営を展 開すべきかを考えておく必要があります。このように**企業全体**を単位 に成長領域の選択とその領域間での資源配分をテーマとする経営戦略 を**企業戦略**（corporate strategy）と呼ぶのに対して、**企業に含まれる 特定の事業**の競争優位性と収益性の拡大をテーマにした経営戦略を**事 業戦略**（business strategy）といいます。

まずは、**企業戦略と事業戦略の関係**を本質的な視点で考えてみまし ょう。

034

≫ 企業戦略は「経営資源の配分」、事業戦略は「経営資源の活用」

　企業戦略とは、企業の置かれた経営環境（environment）と自社がそれまでに構築してきた経営資源（assets）をベースに、企業が社会に提供する価値や社会的役割としての企業理念（corporate mission）を認識し、中長期的に達成しようとしている目標（goal）やそれを実現していくための大まかな成長方向としての事業領域（domain）とそこに含まれる戦略立案の単位となる事業（SBU）を定義すること、そして、そのうえで**SBUに資源を最適配分しながら経営資源を拡大していくプロセス**と考えられます。

　ここでの**SBU**[07]とは特有の競合と顧客が存在しており、独自の戦略を立案する必要のある、**単一もしくは、複数の事業の集合体**と考えてください。

　この企業戦略に対して**事業戦略**は、投入された経営資源（assets）を事業（business）ごとに展開して、競争優位の構築と市場における需要の充足（顧客に対する問題解決）を果たしながら、**収益、利益を実現し、究極的には、経営資源を拡大していくプロセス**と考えられます。単純に表現すると**企業戦略が「経営資源の配分」であるのに対して、事業戦略は「経営資源の活用」**です。

≫ 企業戦略は5ステップで考える

　企業戦略は、時として成長戦略とも呼ばれます。

　企業の成長とは、成長する事業に積極的に経営資源を配分することにより、**「経営資源のさらなる充実を図るプロセス」**と考えることができます。これを経営の立場で表現すると、まず、自身の経営理念、企業の置かれた経営環境、そして自社の経営資源を基に、企業としての理念を定義し、中長期的に達成しようとしている目標（goal）、そしてそれを実現していく大まかな成長方向としての事業領域（domain）

07　SBU：
Strategic Business Unit。特有の競合と顧客が存在しており、そのため独自の戦略と責任者を擁している、他の事業単位から比較的独立した単一もしくは、複数の事業の集合体。

と、そこに含まれる戦略立案の単位となる事業（SBU）を決めます。さらに、各SBUの状況をふまえSBU間での経営資源配分を行うわけです。

図6 企業成長モデル

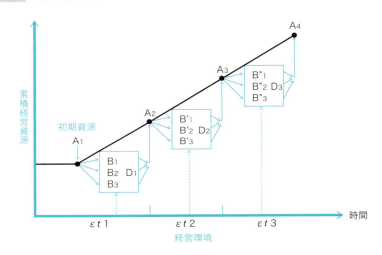

注：D=事業領域、B=事業　　　　　　　　　　資料：嶋口（2000）を基に筆者修正

企業の成長とは、企業が構築してきた経営資源を経営環境と組織の価値観に基づき、適切な事業に適切に配分して活用することにより、経営資源のさらなる充実を図るプロセス。

　私は、企業戦略を策定する際、次の**5つのステップで考える**ようにしています。

ステップ①：企業が社会に提供する価値や社会的役割としての企業理念を確認する。
ステップ②：企業の置かれた経営環境と自社がこれまでに構築してきた経営資源を分析する。
ステップ③：企業理念と現状分析を基に、中長期的に達成しようとし

ている成長目標を確認する。

ステップ④：企業理念や成長目標を実現していくための活動領域である事業領域と、そこに含まれる戦略立案の単位となる事業（SBU）を設定する。

ステップ⑤：事業領域に含まれる事業（SBU）に適切に資源配分する。

　これから、それぞれのステップごとに、留意点を中心にコメントしていきます。

05 ステップ①　企業理念　　　　　CORPORATE STRATEGY

社会にどのような価値を
提供するのか

》企業としての「価値観」を明確にする

　企業理念とは社会に対して提供する価値であり、今後とも守ってい
くべき社会的役割、企業としての「価値観」と考えられます。

　そもそもなぜ、経営戦略の立案は、企業の理念の確認からスタート
すべきなのでしょうか？

　それは、**企業としての価値観がはっきりしていないと、次のステッ
プで行うべき経営戦略の構成要素の選択がブレてしまう**からなのです。
例えば現状分析ひとつをとってみても、理念がはっきりしていないと、
調査対象に関する境界線が非常にあいまいになってしまいます。

　ご参考までに、比較的みなさんにとってもなじみのある企業の「価
値観」を凝縮したメッセージを下記に列挙してみました。

"Inspire the Next"（Hitachi）

"Be Moved"（Sony）

"Orchestrating a brighter world"（NEC）

"The Power of Dreams"（Honda）

"Emotional Engineering"（BMW）

"Zoom-Zoom"（Mazda）

"Innovative and Practical Solutions"（3M）

"Innovation for Customers"（Nitto Denko）

≫「同じ業界」にいても「競合」とは限らない

例えばソニーの "Be Moved" には、「人々が夢中になれる感動を生み出したいという願い」が込められているそうです。日立のメッセージは、"Inspire the Next" であり、これは、「次なる世代の社会インフラにイノベーションの息吹を与えていく」と解釈できるのではないかと思います。また、NECの場合は、「インテグレーターとして、いろいろなパートナーや顧客と"協奏"しながら、明るい世界を実現していく」という意味で、事業領域はICTやDXの世界展開です。

テクノロジー業界にいる上記3社ですが、目指すべき方向性はかなり異なります。したがって競合分析の対象も異なってきます。

まず、ソニーの場合は、「夢中になれる感動の創出」がミッションですので、ベンチマーク調査の対象としては、間違いなく任天堂や、マイクロソフトのXboxなどのゲーム機メーカーが含まれると考えられます。

それに対して "Inspire the Next" の日立の場合は、業界で最先端のテクノロジー開発をしている企業が競合分析の対象になるのではないかと思います。

情報社会を土俵とするNECにとっては、直接競争する戦略を採用するかどうかは別として、IBMやアクセンチュアが競合分析の対象になるでしょう。

ベンチマークとして選択した競合と直接競争する戦略を採るかどうかは、また次元の違う判断です。要は、企業としての価値観が不明確なまま現状分析をしようと思っても、調査対象とすべき顧客や市場、競合や業界の線引きができず、そのため分析もあいまいなものにならざるをえないということです。

08　ICT:
Information and Communication Technology（情報通信技術）。

06 ステップ②　現状分析　　　　　　　CORPORATE STRATEGY

企業を取り巻く
大きな変化は何か

» マクロな視点での環境分析が求められる

　企業戦略におけるアウトプットは、前述の通り、事業領域を定義して、そこに含まれる戦略立案の単位となる事業（SBU）を明確にし、そのうえで事業間での適切な資源配分を行うことです。

　企業戦略立案に際して求められる現状分析は、顧客市場の今後の成長性、競合他社との比較による自社の相対的な優位性、市場の成長に影響を与えるマクロ環境などです。また、現状分析に関する留意点として、**過去（past）から現在（present）、そして現在から将来（future）の3つの時点での変化を考える**ことが重要です。

　大きな分析の枠組みは、事業戦略で求められる**顧客・市場（customers）、競合・業界（competitors）、自社資源（company）、そしてマクロ環境（context）の4つのC分析**と同じです。しかし、事業戦略では、競合他社に対する具体的な優位性の維持・拡大、顧客市場に対するソリューションの提供を検討する必要があり、分析のレベルという点では、より詳細なものが求められます。

　ちなみに、**マクロ環境分析**には、政治（politics）、経済（economy）、文化・社会（society/culture）、技術（technology）、環境（environment/ecology）、法律（law/regulations）が含まれます。一般的には英語の頭文字をとって、**PESTEL**と呼ばれています。

これらは、社会の根底に流れる大事な要素として、**context（文脈）**と呼ばれます。**マクロ環境分析**=context=PESTELです。

　分析の流れとしては、4C分析を行ったあとで、コントロール可能で＋（プラス）に作用する要素としてS（強み/Strengths）、コントロール可能で－（マイナス）に作用する要素としてW（弱み/Weaknesses）、コントロールが不可能で＋に作用する要素としてO（機会/Opportunities）、コントロールが不可能で－に作用する要素としてT（脅威/Threats）の4つのカテゴリーにまとめる、いわゆる**SWOT（強み・弱み・機会・脅威）分析**を行います。4C分析の詳細については、後ほど2章で解説する現状分析のフレームワーク（70ページ）をご参照ください。

図7　4C分析のまとめ

図8　4C分析まとめとしてのSWOT分析

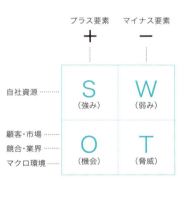

07 ステップ③　企業目標　　　　　CORPORATE STRATEGY

計画期間内に
どこを目指すのか

» 経営は「サイエンス」と「アート」の融合

　SWOT分析の実施により、計画期間内における企業目標（現実的で、かつ、具体的なレベル）の設定が可能になります。

　市場の規模と成長性がある程度把握でき、競合他社に対する自社の相対的優位性が、分析結果から明らかになっています。企業理念や各事業から上がってくる計画目標なども参考にしながら、企業目標を設定します。

　目標は、売上高、利益額、市場シェア等の**数字で測定可能な指標**で設定してください。同時に目標は明確であればあるほど、やる気がわいてくるというものです。また、もちろん、達成可能なレベルでないといけませんが、「そう簡単ではないけれど、やってできないというレベルではない。やってやろうじゃないか！」と感じられるレベルが理想です。

　このあたりは、経営がサイエンスとアートの融合と言われるゆえんだと思います。

» 「目標設定」の意味合いは状況によって変わる

　企業を取り巻く経営環境が安定しており、今後の将来予測が比較的容易で、かつ企業側の積極的な働きかけによって市場、競合、制度や

図9 目標設定

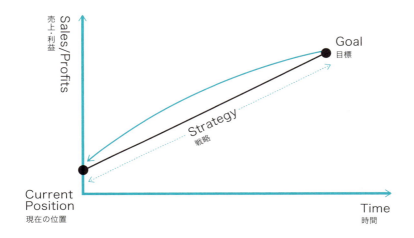

法律などを比較的容易に変えられるような状況において戦略を検討する場合と、環境変化が激しく、予測可能性が低く、かつ、企業側の働きかけによって市場や競合等に影響を及ぼすことのできる余地がほとんどないような場合では、目標をはじめとする戦略構成要素を事前に策定することの意味合いが大きく異なってきます。

将来を予測することが容易で、対環境相互作用性が高い場合には、目標は、**経営を実践していくためのガイドラインであり、守るべきものであり、統制のベースになるもの**としての役割が期待されます。

環境予測可能性が低く、対環境相互作用性も低いような場合は、目標は**試行錯誤しながら仮説を検証していくためのひとつの指標**という意味合いで設定されるべきです。守ることよりも、**環境の変化に柔軟に対応することを最優先に考え、当初のアイデアを修正して、より良い戦略にしていくためのたたき台**的に捉える必要があります。

60ページのコラム「経営戦略にも条件適合的なアプローチが必要」もご参照ください。

08 ステップ④　事業領域　CORPORATE STRATEGY

どのような顧客に、どのようなソリューションを提供するか

» 製品・市場マトリックスで事業領域が見える

さて、達成すべき目標が明確になったところで、今度はそれを達成するための土俵である、事業領域を設定します。

事業領域は、**どのような顧客や市場に対して、どのような製品やソリューションを提供するか**という2軸で定義することができます。

一般的には、**製品・市場マトリックス**を使って表現します。

図10 製品・市場マトリックス

		市場			
		Ⅰ	Ⅱ	Ⅲ	Ⅳ
製品	A	A事業	B事業		
	B	A事業	B事業		
	C	A事業	C事業		
	D				

通常、横軸（X軸）に市場（お客様の集合体）、縦軸（Y軸）に製品（ソリューション）をとって現在の事業領域を表現します。セルのひとつずつが、事業ユニット（BU）ですが、このBUが単独で、もしくは複数統合されて戦略立案のベースになったものを**戦略事業単位（SBU）** と呼びます。

》事業領域はどのような状況にあるか

図10では、A、B、Cの3つの戦略事業単位が存在していることが理解されます。この事業のポテンシャルを検討する際には、各SBUに含まれる個々のBU（製品・市場から構成される最小の事業単位）の市場規模を円の大きさで、各事業の市場の成長性を矢印の傾きで、そして、自社のシェア[09]をくさびで表現して評価することになります。

以下のチャートでこの企業の事業領域の状況を考察してみてください。

図11 現状の把握

		市　場			
		I	II	III	IV
製品	A	◑→	◑→		
	B	◑→	◑→		
	C	◔→	◔→		
	D				

09　シェア：
製品やサービスの市場占有率。実際のシェアがデータとして入手できない場合は、競合に対する自社の相対的優位性から推定。

規模はおそらく十分あるものの、今後この領域で大幅に市場が成長するという期待はできません。

しかし、あくまでも、**現在の製品・市場領域でのシェアアップを図る戦略**（これを**市場浸透**＝**market penetration**と言います）を推進するとしたら、どのような打ち手が考えられるでしょうか。競合企業の顧客を奪い取る戦略とか、現在の顧客が使用している製品の使用頻度アップや、一回あたりの使用量の拡大、さらには、既存市場の中でまだ使った経験のない非ユーザーの発掘等を実施していくことが必要になります。

» 市場開発・製品開発・多角化

一方、**既存製品を新たな市場に投入することによって成長を試みる戦略**を**市場開発**（**market development**）と呼びます。例えば、いまある製品を今後成長が期待されるアジア新興国、南米、ロシア、アフリカ市場等に投入する戦略です。

ここでの市場開発とは、地理的に新しい市場に打って出ることだけではなく、対象市場を、大企業、中小・零細企業、または、家庭にまで広げるような展開も含まれます。

これに対して、**既存市場に対して新製品を投入することによって成長を達成しようとする方向性**を**製品開発**（**product development**）と呼びます。物理的な製品の販売に加えて、デザイン、サービス、コンサルティング等のソフトも加えて展開するという戦略も製品開発戦略と考えていただいて結構です。

最後に、**製品も市場も同時に新しくする、いわゆる多角化**（**diversification**）です。多角化したからと言って、その市場でビジネスがすぐ軌道に乗るわけでもありませんし、当然、魅力的な市場であればあるほど、そこではより厳しい競争が想定されます。また、不確実性が多いこともあり、**多角化戦略が一番リスクの高い選択**でもあ

ります。

　市場浸透の事業を進めながらも、企業は成長を求めて市場開発、製品開発、多角化というさまざまな可能性を探索しながら実際の展開を図ることになります。事業はそれぞれ役割、リターン、リスクが異なるため、ヒト・モノ・カネといった資源配分も違ったものになってきます。よって、**数に限りのある経営資源を複数の事業間でどのように配分すべきなのか**ということが次のテーマになります。

図12　将来の方向性を示唆

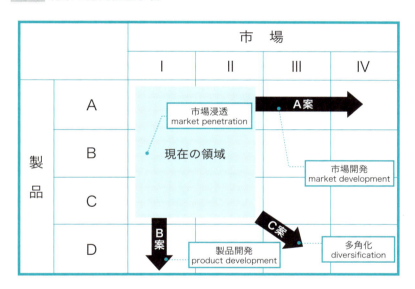

≫ グローバル展開は「2段階スクリーニング」で考える

　44ページ図10の製品・市場マトリックスを活用して海外市場での可能性を探索するとしたら、どのようになるのでしょうか。

　初めから全世界市場を対象に可能性を検討することは、あまり合理的な方法ではありません。私は、グローバル展開を検討する際には、

2段階スクリーニング（絞り込み） をお勧めしています。

まず、みなさんが提供したいと考えている製品やソリューションの**普及率に強い相関関係のある指標**を選び、その指標を用いて魅力のありそうな市場を5〜10地域選択し、そのあと詳細な評価項目で最終的な対象地域を選んでいくという方法です。

一般的には以下のような評価の視点で海外市場の選択が行われると思いますが、みなさんはこれらの指標をどのように感じますか？

①経済的富裕度
②人口増加率
③経済インフラ
④文化的類似性
⑤地理的近接性
⑥政治的リスク
  ⋮

こうした指標はまとはずれということではないのですが、当たらずとも遠からず感があります。ひとつの事例をご紹介しましょう。

》 事例：Nestleのグローバル展開

ネスレは以前、インスタントコーヒー事業をグローバル市場で展開する際に、一人あたりのコーヒー消費量と全コーヒー消費に占める家庭用インスタントコーヒーのシェアを用いて、市場をいくつかのグループに分けてグローバル展開を考えていました。この手法によって、少なくとも、一人あたりのGDPなどの経済指標よりも格段に、当該事業に関する市場性を適切に評価できると思います。

すなわち、**対象となる製品やソリューションといかに相関の強い指標を選択するか**が市場を検討するうえで重要となる、ということです。

図13 Nestleのケース

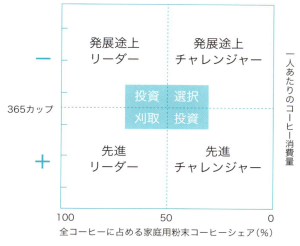

一人あたりのコーヒー消費量と
全コーヒー消費に占める粉末コーヒーシェア

注：粉末コーヒーのシェアが低い象限では、R＆G（roast & ground）コーヒーが中心となっている。

» 評価項目の選別方法

　さて、もしみなさんの会社が食洗機のメーカーだとして、自社の製品を海外展開する際は、どのような指標で第一次スクリーニングをしたら良いと思いますか。

　私たちの調査では、少なくともGDPの伸び率や人口の伸長率などよりも、女性の就業率や世帯規模等の変数のほうが食洗機の普及率という目的変数には説明力が高い、という結果が出ています。

　このような要素をグローバル市場に関する評価指標として使い、効率的にポテンシャルの高い海外市場を絞り込んでいきます。

　ご参考までに、第一次スクリーニングで抽出された地域市場の中から、やや詳細な第二次スクリーニングを行う際に使う評価項目（例）を載せておきます（図15）。

図14 市場性を判断する指標の活用

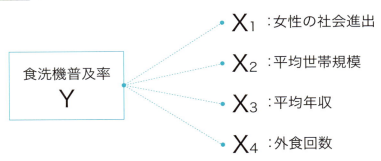

図15 海外地域市場比較評価（例）

市場の魅力度	重要度 (1-5)	国/地域 -A-	国/地域 -B-	国/地域 -C-	国/地域 -D-
市場規模					
市場成長性					
競争状況					
市場収益性					
資源の適合度	重要度 (1-5)	国/地域 -A-	国/地域 -B-	国/地域 -C-	国/地域 -D-
開発・技術の 適合性					
生産・設備の 適合性					
販売・チャネルの 適合性					
シェア・競争地位					
合計					

注：各国／地域の合計ポイントは、市場の魅力度と資源の適合度を構成する要素の評価（1〜5段階）と、各要素の重要度（1〜5段階）の積の合計で算出する。

09 ステップ⑤　資源配分　　CORPORATE STRATEGY

ヒト・モノ・カネを
どう配分するか

》企業戦略の締めくくりが「資源配分」

いよいよ企業戦略の締めくくり段階です。

すでに製品・市場マトリックスによって、自社の土俵としての事業領域が定められています。その次にくる資源配分のステップでは、すでに明確になっている事業領域の中の**どの事業（SBU）にどの程度のヒト・モノ・カネという有限で貴重な経営資源を配分するか**を決めることがテーマになります。

固い表現をすると、個々のSBUに対する適切な投資水準を決定することとなります。それはすなわち、どのSBUへの資源供給を抑制し、どのSBUへ資源供給を促進するかを決定することと言っても良いかと思います。

》「製品」ではなく「SBU」を単位とする

このステージで使われるツールが**PPM**（いわゆる「**プロダクト・ポートフォリオ・マネジメント**」、直訳すると「製品を組み合わせて管理する」）です。

「製品」と言いましたが、原則、単位は独立した事業としてのSBUと考えてください。一定の資源を裁量下に置き、利益センター[10]として、利益を追求する単位でないと意味がありません。

10　利益センター：
プロフィット・センター利益（収益−費用）を最大化することを求められている部門。いかにコストを抑えつつ良いパフォーマンスを出すかということについて責任を持つ。直接利益を生み出さない部門（コスト・センター）と区別される。

資源を配分することがテーマですので、例えば、営業パーソンが複数の製品を担当しているような場合は、製品からすると営業パーソンという経営資源を共有していることになり、その状態で製品を単位に資源配分しても意味がないことは言うまでもありません。この資源配分はSBU間で行われることに注意してください。

» ボストン・コンサルティングが開発したPPMの4象限

　資源配分に使われるツールが**プロダクト・ポートフォリオ・マネジメント（PPM）**です。代表的なものにBCG（ボストン・コンサルティング・グループ）が開発したマトリックスがあります。

　これは、Y軸で市場の成長率を示し、X軸で事業の相対的シェア（自社のシェア÷最大の競争業者のシェア）を対数目盛りで表現し、この2軸の上にSBUをプロットするものです。

　SBUは以下の4つに分類されます。

①問題児（Problem Children/Question Marks）

　相対的シェアを拡大するためにキャッシュの投入が必要となるSBU

②花形（Stars）

　市場シェアが大きい分、キャッシュを生み出すが、市場の成長率も高いため、競争のコストもかかるSBU

③金のなる木（Cash Cows）

　市場シェアが高く市場が成熟化しているため、安定した収益源となるSBU

④負け犬（Dogs）

　すでに市場は成熟し、シェアも獲得できなかったSBU

このポートフォリオ・モデルは、**金のなる木が生み出すキャッシュと負け犬を整理して得たキャッシュを、問題児のSBUに投入し、それを花形、さらには金のなる木に成長させるための投資決定を支援する**ものです。

図16 BCG型ポートフォリオ・チャート（定量評価によるPPM）

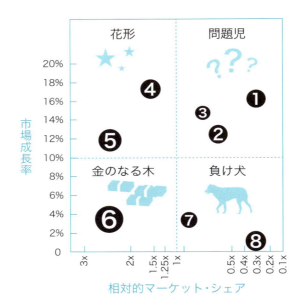

» Y軸とX軸を比較する

ビジネス・ポートフォリオには、定量的なBCGのモデルの他に、定性的なGE（ゼネラル・エレクトリック）のモデル、Y軸をプロダクト・ライフ・サイクル[11]（導入期、成長期、成熟期、衰退期の4つの段階）で表現するモデル等があります。

---

11 プロダクト・ライフ・サイクル：
PLC。製品の発展やその製品を活用する市場にも、人間の生涯と同じようにサイクルがあることに着目して、ステージごとに製品の売り手や買い手の動向を整理した理論。製品が販売開始されてから販売終了に至るまで、導入期、成長期、成熟期、衰退期の段階を経ると考えられており、その間の製品に対する需要量はS字のカーブで変化するとされている。　導入期：新しい製品を販売した直後は認知度が低く、単価も高いため、需要量は低い。革新的な買い手を対象とした高価格戦略が採られることが多い。成長期：一度認知され成長期に入ると需要量は急激に増加し、市場に参入する売り手が増加する。成熟期：需要量は頭打ちとなるものの、市場参入業者は多いままなので競争が激化する。衰退期：技術革新などのために衰退期に入ると需要量は減少し、売り手の数は急激に減少する。

図17 GE型ポートフォリオ・チャート（定性評価によるPPM）

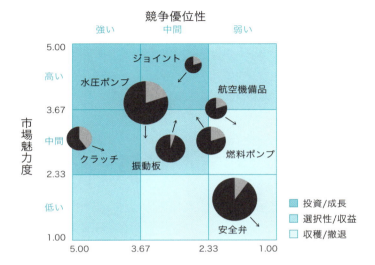

図18 PLC（Product Life Cycle）ベースのポートフォリオ・チャート

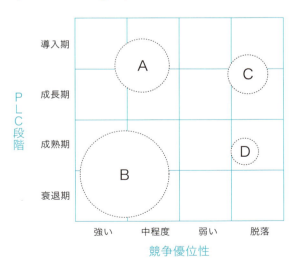

それぞれのY軸とX軸の比較によって、PPMの本質がよく理解できます。

どのモデルでも**Y軸は市場の魅力度**を表現しています。具体的には、上にプロットされるSBUは基本的に魅力的な市場であり、したがって競争も激しく、投資が必要という解釈であり、下にプロットされるSBUは、市場の魅力度は低く、競争はマイルドになり、投資は控えて別の事業をサポートするという方向感になります。

X軸については、左に位置づけられるということは、競争優位性が高い、シェアが高い、つまり**規模の経済や経験曲線効果[12]でコストが下がり利益を出しやすい**[13]ということになります。右に位置づけられるということは、その逆で、競争優位性が低く、シェアが低いため、規模の経済や経験曲線効果が働かず、コストが高く利益を出しにくい状態になっていると考えます。たった2つの軸ですが、企業がポートフォリオとして手がけている事業の位置づけと役割を明確に方向づけることができます。

作成テクニックとしては、まず、相対的なシェアの出し方に注意してください。相対的マーケット・シェアは、自社が1位の場合は「自社シェア÷2位企業シェア」で計算します。自社が2位以下の場合は、「自社シェア÷1位企業シェア」で求めることができます。さらに、相対的マーケット・シェアの軸は対数軸で表します。中央を1として、左端が10で、右端が0.1になります。次にY軸の中点ですが、各事業の平均成長率、成長率の最大値から最小値を引いて2で割って算出した数字や、資本調達平均コスト[14]を用います。最後に、その事業の現在の事業規模（売上）は、円の大きさで表現します。

実際には右記のようなワークシートを活用することをお勧めします。

---

12 規模の経済：
生産高が増えることにより固定費が分散されて、単位あたりのコストが下がるというメカニズムを指す。

13 経験曲線効果：
経験と効率との間の関係を示す経験則である。単に経験効果とも呼ばれる。一般に個人や組織が特定の課題について経験を蓄積するにつれて、より効率的にその課題をこなせるようになることを指す。また累積生産量の増加に伴って、製品数量ごとの間接費を含めた総コストが予測可能な一定の割合で低下していくことを指す。

図19 ワークシートの活用

PPMの分析単位(事業、製品、市場、顧客)	Y軸 市場成長率	X軸 自社製品(事業)の市場シェア	X軸 トップ企業の市場シェア	X軸 相対的市場シェア	PPMのカテゴリー	社内における売上構成比
A	11	30	15	2.0	★	30
B	3	36	12	3.0	🐄	40
C	10	20	60	0.3	?	20
D	5	8	20	0.4	🐕	10

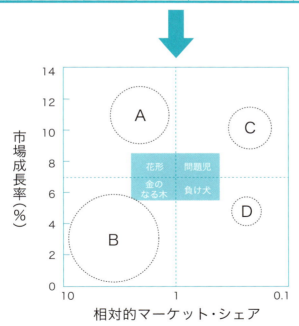

注：Y軸の中点は、各事業の平均成長率や企業としての資本調達平均コストを用いる。

14　資本調達平均コスト：
企業の資金調達に伴うコストの平均。資金の調達には、銀行借入による負債と株式発行による資本の２つの形態がある。資本調達平均コストは加重平均資本コストであるので、仮にある会社の資本の構成が、負債100億円、株主資本200億円、資本総額300億円で、その負債コスト（金利）が1％、株主資本コスト（配当）が5％だと仮定すると、計算式は下記の通りとなる。
（100÷300）×1％＋（200÷300）×5％＝3.67％

» PPMに対する批判

このPPMにはいくつかの批判も従来から寄せられています。
例えば、次の通りです。

- 単純すぎて現実に則していない（事業の魅力度は成長率だけではない、競争優位性も市場占有率だけでは不十分）
- 新規事業開発が無視される
- 事業の相互関連性が見逃される
- 象限の呼び名が誤解をまねく
- 経営管理過程に組み込むには時間がかかる
- 経営計画部門において多大な陣容と権力の集中が起こる
- PLCが必ずしも正しいとは限らず、時として企業努力によって市場を成長させることができる
- 低コスト化は経験曲線効果だけではなく、オープン・イノベーションなどによっても可能である
- 各事業間でのシナジー効果が配慮されていない

中には言いがかりと感じられるような問題の指摘もありますが、**資源配分の本質（つまり、どの程度のリターンが各SBUから得られるのかということですが）を考えて、有効に活用**していただきたいと思います。

例えば、市場の魅力度は一般的には規模、成長率、競争状況などで構成されますが、あまりにも市場規模にこだわりすぎると、いまの顧客や用途には使えなくても、まったく新しい顧客や用途には革新的な効用をもたらす技術を使うような事業が過小評価されてしまうという可能性もあります。その結果、大きな成長可能性を秘めた市場への参入が遅れてしまうことのないよう、大企業は特に注意しなければなりません。

GoProのようなケースがこれにあたります。これは、探検の際の撮影向けのウェアラブル・カメラですが、おそらく最初は、カメラとしての性能や市場規模はたいしたものではなかったと思われます。しかし、実際はサーフィン、サバイバルゲーム、パラグライダー、スキー、ヨット、登山、ダイビングなど活用できるシーンは数多く、SNSの普及と相まって、とどまることを知らない勢いで普及しました。データ至上主義では真に魅力ある事業の選択はできません。むしろ、**データの入手ができない事業だからこそ、市場のポテンシャルは大きいの**です。見通しを持てるビジョナリーなプロジェクト責任者が望まれるところです。

　市場の将来性までをふまえると、事業領域の定義と資源の配分は決して容易なことではありません。しかし、少なくとも、「全部の事業をすべからく全力で死守して、攻めて攻めて攻めまくる！」などというメッセージを出さないようにしていただきたいと願っています。もし主張していただくとしたら、「絞り込んで、集中せよ！　攻める、守る、捨てる！をはっきりさせよ」です。

CORPORATE STRATEGY

COLUMN 2

経営戦略にも
条件適合的なアプローチが必要

　私は、専門が産業財マーケティングということもあり、重電、自動車、エレクトロニクス、精密、ハイテク、ICT等の業界の企業のみなさんとのお付き合いが多いのですが、最近は従来のような請負型の伝統的なコンサルティングが減少し、マーケティング・リサーチや海外プロジェクトに関するコンサルティング、そしてコンサルティングと研修のハイブリッドのようなアクション・ベースド・ラーニングのプロジェクトが増えています。

　アクション・ベースド・ラーニングのプロジェクトでは、部長、本部長クラスの方に、ご自身が担当している事業ユニットに関してビジネス・プランを書いていただくのですが、高業績を上げている事業ユニットのトップが作るプレゼン資料と、そうでない部門の方の資料の間には明らかな違いがある印象を受けています。

　苦労されている事業部の部長さんのプランは、傾向として、何でもかんでも、てんこ盛り感満載の資料なのです。これでもかという感じで分析フォームを作って、すべての事業や製品に関してがんばる！という感じが濃厚なプレゼンなのに対して、成果を出している部長さんのプレゼンは、攻めるところと守るところ、捨てるところがはっきりしています。また、事業の置かれた環境、つまり将来の予測が可能な事業かどうかで、計画の細かさを使い分けている感じがするプレゼンなのです。

　予測可能な公共セクターの業務に関するプレゼンには、市場予測をきっちり入れて、そこでのシェアをしっかり確保するための、個々の顧客

への価値提案とアプローチが明確に記載されています。予測ができないような新事業に関しては、ミッションとシンプルな戦略仮説（顧客になりそうな企業のリストと、それに対するソリューションのプロトタイプ程度の記載）で、あとは仮説のあてが外れた際のオプションが簡単に説明されている程度のシンプルな提案書なのです。

　30ページのコラムに書かせていただきましたが、戦略の本質に関する考え方は、実に多岐にわたっています。考え方の違いは、事業に関する環境予測可能性と対環境相互作用性の2つから生じているというのが私の考えです。

　環境予測可能性とは、市場、競合、マクロ環境の変化をどの程度予測できるかということであり、対環境相互作用性とは、市場や競合等にどの程度影響を行使できるかということを意味します。

　次ページ右図の第1象限は予測可能性が低く、でも対環境相互作用性が高い業界です。まだ業界が確立されておらず、参入障壁は低く、需要も競合の動向も想定しにくいのですが、こちらの動き次第で業界の構造を大きく変えることができる余地が多くある、例えば、ICTや先端医療機器のような業界です。第2象限は、環境予測可能性、対環境相互作用性ともに高く、企業側が将来ビジョンを主体的に実現していけるような業界、例えば航空業界、防衛業界などです。第3象限は、環境予測可能性が高く安定していますが、こちらから働きかけて市場とか競合に影響を及ぼすことが直接的にできないような業界です。例えば、自動車業界、物流業界などです。最後が予測可能性も対環境相互作用性も低い業界、例えば電子デバイスや建材業界などです。

　ミンツバーグは、戦略には、将来のことを定める計画（plan）としての側面と、環境が変化するたびに学習を繰り返して適切と考えられる戦

略オプションを考え、選択し、実行するという創発的に形成される側面があると指摘しています。創発的に形成されたものが傾向を伴うときにパターン（pattern）として認識されるわけです。

さらに、戦略はパースペクティブ、つまり企業ビジョンとしての視点をふまえて検討するという側面と、市場に提供する価値をＸ軸とＹ軸で表現した、いわゆるポジショニング・マップ上で自社の製品を位置づけること、つまり、顧客市場に対する提供価値を明確にするという側面があるともコメントしています。戦略とはあらかじめ計画的に定められると同時に創発的に形成されるわけですが、計画性と創発性のどちらを重視するか、経営戦略の策定スタイルをどのように考えるかは、戦略策定の対象としての事業特性に依拠すると考えます。経営戦略策定のスタイルは、事業環境に対して条件適合（コンティンジェンシー）的でなければならないのです。

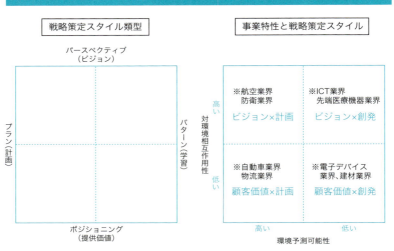

BUSINESS STRATEGY

PART 2

強い会社は、各事業が「シェア」を順調に広げていく

《事業戦略》

10

BUSINESS STRATEGY

事業の範囲を定義して、とるべきポジションを明確にする

》「企業戦略」と「事業戦略」の位置関係をつかむ

　これからいよいよ、最も「戦略らしい戦略」である事業戦略について考えていきます。

　1章では、企業を主体に、それに含まれる複数の事業間における経営資源の配分についてPPMを用いて検討しましたが、**事業戦略では、PPMの円で表現された特定の事業ユニットが主役**になります。

　本書では以下の特徴を有している単位を「事業」として考えます。

・製品と市場から構成されている
・独自の戦略と責任者を擁している
・特有の競合他社と顧客が存在している
・利益センターとして、利益を追求している
・一定の資源を裁量下に置いている

　経営トップから、事業にヒト・モノ・カネの資源が配分された時点で、主役が経営陣から、各事業の責任者に移ることになります。

　PPMを使って表現しますと、事業の責任者は、**配分された経営資源を活用することによって、どうしたらその事業の円の面積を大きくしながら（つまり、売上を拡大しながら）、左にシフト（つまりシェ**

図20 事業の本質

- 製品と市場から構成されている
- 独自の戦略と責任者を擁している
- 特有の競合他社と顧客が存在している
- 利益センターとして、利益を追求している
- 一定の資源を裁量下に置いている

資料：Abell & Hammond、Hutt & Speh等の資料を基に筆者定義

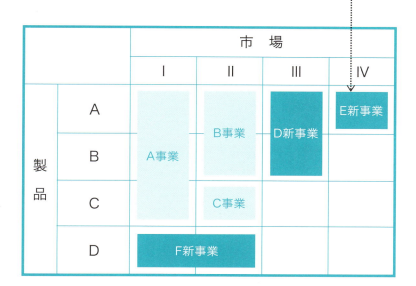

アアップ）させることができるかを考えます。

　そのためには、現在の状態を基に、将来の目標を設定して、その目標達成の方策を考えることになります。つまり、現状分析をして、達成可能な事業目標を設定して、その目標を達成していくための手段を考えることになるわけです。ここで言う手段とは、どのような顧客市場にどのような製品・サービスを提供するのかという、いわゆる事業の範囲を定義し、そこにおける競争上のポジションを明確にするということです。

》「戦う」か「戦わない」かを選ぶ

　事業の範囲を定義するとは、**特定の顧客市場を選択する**ことを通して、対象とするお客様がすでにお付き合いしている、あるいはこれから取引をすることになるかもしれない**競合他社を選択する**ことを意味します。そのため、事業戦略では、選択した事業の中で**自社の競争上のポジションを明確にする**ことが大きなテーマになります。競合他社と自社を比較して勝てそうであれば直接競争し、勝ち目がないようであれば競争を回避する方策を選択することになります。

　企業戦略では事業の選択と資源の集中に力点が置かれましたが、事業戦略では、**選択された事業の範囲を定義して、そこでの競争上のポジションを明確にすること**がメインテーマです。

　２章では、事業戦略（狭義）をテーマに、以下の戦略番号⑥〜⑩について説明を加えていきます。

ステップ⑥：事業ビジョンを設定する
ステップ⑦：現状分析を行う
ステップ⑧：事業目標を設定する
ステップ⑨：事業範囲を定義する
ステップ⑩：競争戦略を立案する

図21 事業戦略の策定フロー

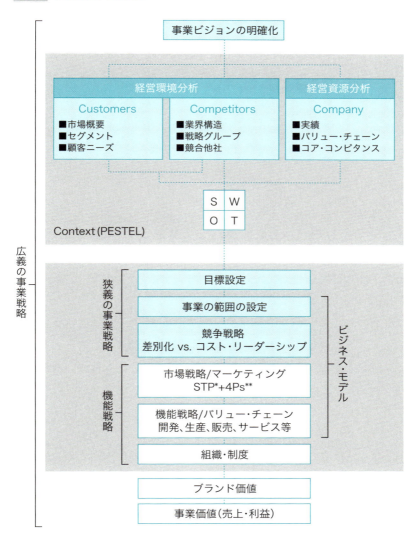

*STP：Segmentation, Targeting, Positioning（市場と価値の選択）
**Product, Price, Place, Promotion
STP+4Psは市場戦略で、標的市場に対する問題解決を提供するプロセスである。

資料：アジア太平洋マーケティング研究所（APRIM）ウェブサイトより抜粋

11 ステップ⑥　事業ビジョン　　　BUSINESS STRATEGY

「達成したい、ありたい姿」は どのようなものか

≫「ミッション」と「ビジョン」

事業戦略の場合も企業戦略と同じで、**価値観の確認**からスタートすると良いと思います。「"思い"なくして戦略なし、戦略なくして営業なし、営業なくして受注なし、受注なくして仕事なし、仕事なくして人生なし！」とは私が個人的に尊敬する、ある大手企業の営業部門のトップの方の言葉です。

企業における"思い"を表した言葉に、**ミッション**や**ビジョン**があります。ミッションとは、日本語で理念とか使命と訳されますが、**社会に対してどのような価値を提供していくのかという社会的役割**と考えられます。言うなれば、**企業として進むべき方向性**を指し示しています。

ミッションの重要性については、ここで改めて言うまでもありません。産業育成というミッションを見失った銀行が踏み出してしまった誤った道と、そのことによって世界経済が被った負のインパクトがすべてを語っていると思います。企業戦略では、ミッションという進むべき方向性をふまえながら、魅力的な事業領域を選択し、そこに優先的に資源を集中させていくことが大きなテーマでした。

一方、事業戦略では、**ビジョン**すなわち「**達成したい、ありたい姿」を具体的に示したもの**が戦略策定の指針になります。

事業戦略では、なぜ「達成したい、ありたい姿」なのでしょうか？それは、方向性であるミッションを意識しつつも、事業の置かれた環境をふまえて、具体的に「達成したい、ありたい姿」を共有することで、事業を担当する人々のエネルギーを結集することができると考えられるからなのです。これまで日本の多くの製造業は、国際競争に勝つというビジョンを掲げ、事業にかかわる一人ひとりのエネルギーを結集して戦ってきました。そうした企業が今日の厳しい環境の中でも生き残って成長を続けています。その一方で、グローバル競争に勝つという意識の欠落した産業は、いまや競争力を失っています。

》「ビジョン」には２種類ある

ビジョンのタイプとしては、以下のようなものがあります。

・ドリーム・ドリブン（夢牽引型）：
再生エネルギー業界で世界一になる、世界最速のコンピューターを作る、火星に行く、難病疾患から患者さんを救う、など
・ナンバー・ドリブン（数値牽引型）：
シェア３割アップを達成する、利益２けた成長を実現する、３年以内に年収をダブルにする、など

この２つのビジョンを組み合わせるケースもあります。 基本的には、夢で牽引するタイプのビジョンを採用しつつ、実行に際しては、そのビジョンを数値に分解して実行部隊に伝えるような場合です。

12 ステップ⑦　現状分析　　　　　　　　BUSINESS STRATEGY

その事業の
「現状」と「将来」はどうか

» 事業戦略立案のための4C分析

　事業戦略立案に際して求められる現状分析は、大きな枠組みとしては、企業戦略で求められている分析の項目と同じです。**顧客・市場（customers）、競合・業界（competitors）、自社資源（company）、そしてマクロ環境（context）の4つのC分析**を基本としています。

　しかし、事業戦略では、選択した事業の中で自社の競争上のポジションを明確にすることが求められるわけで、分析のレベルという点では、より詳細なものが求められます。

　事業戦略策定のための分析体系図は右ページの通りです。

» 顧客・市場分析（customers）

　顧客・市場分析については、まず、**①買い手である顧客の集合体としての市場全体**を捉えることから始めて、**②同じような選好を示すグループ、いわゆるセグメント**の分析を行い、**③主要セグメントにおける個々の顧客ニーズ**を探索するという手順をお勧めしたいと思います。市場全体というマクロの視点からスタートして、個々の顧客というミクロの視点まで分析を深めていくアプローチです。

　まず、市場全体については、**市場規模（顕在・潜在）、市場成長性、市場収益性、チャネル構造等**について統計データなどの二次資料を基

図22 事業戦略策定のための分析体系図

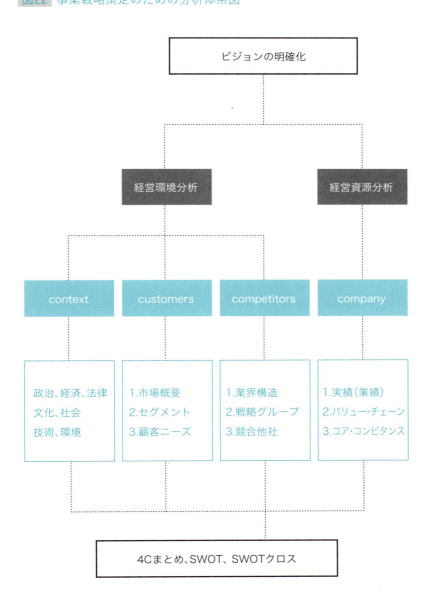

に検討します。

　次に、市場全体を同じような選好を示すグループに分け、**セグメントごとの市場としての魅力度**（セグメント規模やセグメント成長性）と**自社の優位性**（セグメントごとの購買決定要因と自社の製品・サービスとの適合度やセグメント内自社シェア）で判断します。

　市場全体をセグメントに分ける作業を**セグメンテーション**（市場細分化）と言いますが、消費財市場（BtoC）と産業財市場（BtoB）の間で市場細分化の基準として参照すべき要素が異なります。違いがわかるように以下にリストアップしておきます。

消費財市場に関する分類基準（例）

■人口統計変数：年齢、所得、性別、職業、階層

■購買行動変数：目的、購買頻度、購買経験、態度

■地理的変数：国、地域、都心、郊外、地方

■心理的変数：ライフスタイル、関心事、性格

産業財市場に関する分類基準（例）

■購買企業/組織に関する変数：業種、業態、産業、業界、企業規模（大手、中小、零細）、戦略的ポジション（リーダー企業、フォロワー企業ほか）、対象市場（ハイエンド、ローエンド）

■購買状況変数：購買状況（新規購買、再購買、修正再購買）、購買経験・知識（製品に対する精通レベル）、購買関与度（製品に対する必要度合い、重要度）

■購買行動変数：購買頻度/購入量（大口、中口、小口）、購買センター（規模、構成）、購買基準（技術力、コスト、サービスほか）、購買/調達スタイル（集中化/一元化、分散化）

図23-1 市場を細分化して（同じような選好を示すグループに分けて）、セグメントごとの購買決定要因（KBF）を明確化

セグメンテーション Ⅰ

	Ⅰ	Ⅱ	Ⅲ
A	1. 2. 3. 4.	1. 2. 3. 4.	1. 2. 3. 4.
B	1. 2. 3. 4.	1. 2. 3. 4.	1. 2. 3. 4.

セグメンテーション Ⅱ

注1：数字はKBF（Key Buying Factors）を重要度の高い順に並べたもの。
 2：セグメンテーションⅠおよびセグメンテーションⅡはいずれも産業財市場に関する分類基準を表している。例えば、Ⅰ、Ⅱ、Ⅲは、企業規模セグメンテーション変数（大手企業、中小企業、零細企業）であり、A、Bは、対象市場セグメンテーション変数（ハイエンドを対象としている企業、ローエンドを対象としている企業）である。

図23-2 優先的にアプローチすべき戦略セグメントの見当をつける

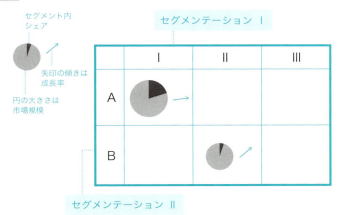

注：市場の魅力度には、規模（顕在・潜在）、成長性、競争状況（質・量）などの要素が、競争優位性には、現在のシェア、KBFに対する自社資源適合度、ニーズ充足度などの要素が含まれる。

顧客・市場分析の最後の単位が、前記のセグメント分析で明らかになった魅力的なセグメント内の主要顧客です。**顧客の満たされていないニーズ**（英語ではこれを**unmet needs**と言います）を明らかにします。一年に最低一回という頻度を定めて、定期的に顧客満足度調査をサーベイという形で実施する企業もあれば、営業担当と技術担当がペアになって主要顧客を訪問して、購買センター[15]を構成するキー・パーソンを把握したうえで、その担当者の満たされないニーズを直接吸い上げるようなフィールド調査を実践している会社もあります。

　顧客・市場分析の３つのステップを整理すると、以下のようなイメージになります。

図24　顧客・市場分析（customers）

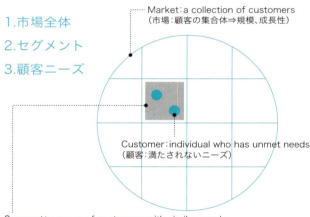

» 競合・業界分析（competitors）

　競合分析についても、まず①**売り手の集合体としての業界**（英語ではこれをindustryと言います）の構造分析から入ることをお勧めしま

15　購買センター：
法人顧客の場合、購入に際して購買担当、技術担当等の複数のスタッフが関与することが一般的。間接的、直接的に意思決定に影響を及ぼす人々の集合体を購買センターと呼ぶ。英語ではBuying CenterもしくはDMU＝Decision Making Unitと表現される。

す。その次に、②業界の中でどのような戦略グループが形成されているかを明らかにし、最終的には、③戦略グループを同じくする競合他社、もしくは、注意を払っておくべき個別のライバル会社の将来動向を推測するという順番です。

　まず、業界構造については、買い手の交渉力、売り手の交渉力、新規参入の脅威、代替品の脅威、そして既存業者間の競合関係という5つの要素で整理します。

　買い手としては法人、機関、個人、家庭等が考えられますが、買い手の交渉力は、買い手に選択肢が多いか、売り手を替えることのスイッチング・コストが高いかどうかで決まります。同じような製品・サ

図25 業界構造を捉える5 forces model

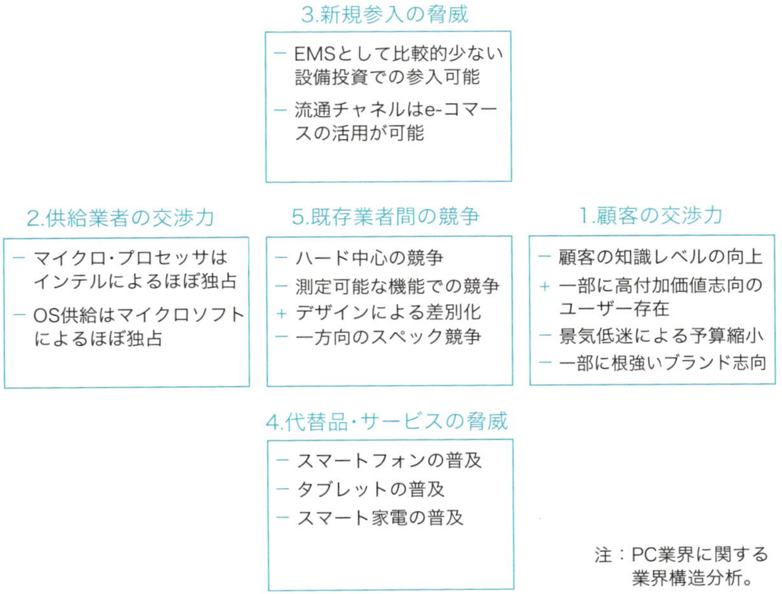

3.新規参入の脅威
- EMSとして比較的少ない設備投資での参入可能
- 流通チャネルはe-コマースの活用が可能

2.供給業者の交渉力
- マイクロ・プロセッサはインテルによるほぼ独占
- OS供給はマイクロソフトによるほぼ独占

5.既存業者間の競争
- ハード中心の競争
- 測定可能な機能での競争
+ デザインによる差別化
- 一方向のスペック競争

1.顧客の交渉力
- 顧客の知識レベルの向上
+ 一部に高付加価値志向のユーザー存在
- 景気低迷による予算縮小
- 一部に根強いブランド志向

4.代替品・サービスの脅威
- スマートフォンの普及
- タブレットの普及
- スマート家電の普及

注：PC業界に関する業界構造分析。

075

ービスを提供している売り手が多いと、当然ながら買い手の交渉力は強くなります。その極端なケースが、価格でしか差別化ができなくなってしまったコモディティ製品を提供している場合です。

売り手とは、**自社の製品やサービスを完成させるために必要な部品や原材料を提供してくれるサプライヤー**を意味します。サプライヤーの数がもともと少ない場合、あるいはサプライヤーの業界が寡占化を進めているような場合は、サプライヤーである売り手の交渉力は強くなります。また、買い手側にとって、サプライヤーを替えるコスト、いわゆるスイッチング・コストが高いとサプライヤーである売り手の交渉力は強くなります。以前、監査業界のコンサルティングを実施した際、顧客満足度がかなり低いにもかかわらず、ほぼ100%リピート受注になることに驚きましたが、これなども、顧客にとって監査法人をスイッチするコストが高いケースと言えましょう。替えることによってそのつど会社のトップシークレットを話さなくてはならないためです。

新規参入の脅威とは、**参入障壁がどの程度高いか**ということの裏返しです。許認可制度で守られている業界や参入のための初期投資が高い業界の場合は、新規参入の脅威は低いと考えられます。一方、規制緩和があった場合は、参入障壁が低くなるため、今までの高い利益率が急激に低下することにもなりかねません。

代替品が多ければ多いほど、業界の収益性は低下します。代替品とは、競合する製品そのものではないのですが、現在提供している製品そのものの存在意義をなくしてしまうような製品です。例えば、フィットネス・ジムのサービスに対するWii Fitや、自動車のワイヤーハーネスに対する無線などです。

最後に、**既存業者間の競合関係**を整理します。PLC上の成長期においては、競合が参入してきても、市場自体が拡大していますので、それほど業界の収益性には影響がないと考えられます。成熟期になり、

しかも市場下位の企業がシェアを奪取する意図を持ち、差別化でチャレンジしてくる場合は、リーダー企業もそれに対して差別化で対応することを迫られるなど、収益を圧迫する要素が多くなります。

以上が業界構造分析ですが、この**業界構造分析**は、英語で**5 forces model**と言います。**どの程度儲けやすい業界か**を判断するには、うってつけの分析と言えます。

次の**戦略グループ分析**に移りましょう。**業界内の競合他社の中でどこまでが本当に直接競争関係になるのか**を、境界線を引いて分類します。

競合他社を分類する際に用いられる境界線の例が、利益率とシェアです。シェアが高いということは、売上高が大きく、規模の経済で競争している企業ですし、利益率が高いということは何らかの差別化戦

図26 戦略グループ分析

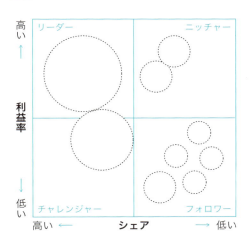

・Y軸、X軸の戦略次元の要素を決定(例：利益率、シェアなど)
・Y軸、X軸のスケールを決定(中心の決定)
・各社のデータ抽出とプロット
・売上を円の大きさで表示
・自社と他社のポジショニングを検討

略を展開している企業と想定されます。自社がどちらのタイプかで、競合として意識すべき企業が明確になります。

最後は、自社と同じ戦略グループに入っている企業はもちろんのこと、**将来的に競合しそうな他社に関する将来動向**を推測します。

競合分析に関しては、**現在のポジショニングを把握する**と同時に、**既存および潜在的な競合の戦略的意図に注意を払いながら将来の行動を予測する**ことが欠かせません。

具体的には、競合他社の事業ビジョンや目標と現在の業績を比較し、事業として満足できる水準か、仮に水準以下であれば、その企業の現在の戦略の延長線上で達成できるのか、そうでないとしたら、新たな戦略をその企業の経営資源・能力で打ち出し実施していくことが可能かどうか等を検討します。

競合他社の戦略予測としては、**ターゲット市場、製品・サービス（product）、価格（price）、販路（place）、販促（promotion）、営業（personal selling）等**を検討していただきたいと思います。『四季報』からデータを引用してきただけで、競合分析はいっちょ上がりなどと考えていたら、大きなリスクを背負い込むことになりかねません。

なお、競合分析については、顧客、供給業者、調査会社等のありとあらゆるデータソースを活用することです。競合他社のウェブサイト、IR資料、学会発表資料、有価証券報告書等のさまざまなデータを統合したうえで、業界のプロとしてのセンスで、ライバル企業の戦略方向を感じ取ってください。

次のページに、競合・業界分析のイメージを示しておきます。

図27-1 競合他社の現状

競争業者 項　目	A	B	C
経営理念・使命			
目的・目標			
経営資源・経営機能 （特徴の記述）			
企画・開発力			
技術力			
生産力			
販売力			
信頼性・ブランド等			
現在の業績			

図27-2 競合他社戦略予測

競争業者 項　目		A	B	C
今後の事業範囲				
マーケティング・ミックス	ターゲット市場			
	製品戦略			
	価格戦略			
	チャネル戦略			
	プロモーション戦略			
	営業活動			
その他 （営業スタイル、開発、 アフターサービス、 特許など）				

図28 競合・業界分析（competitors）

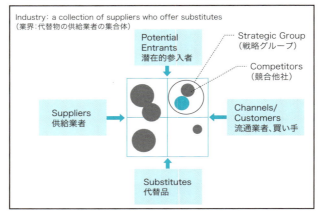

» 自社資源分析（company）

　自社資源分析に関しては、まず**業績のレビュー**から始めることで問題点の明確化やその改善のための仮説が立てやすくなります。

　ラフな仮説を立てたうえで、**バリュー・チェーン分析**や**コア・コンピタンス分析**[16][17]などによって仮説をさらに精緻化し、可能な範囲で仮説を検証していきます。

　業績のレビューとしては、売上高（製品力）、粗利益（付加価値力）、営業利益（営業力）、営業キャッシュ・フロー、原価率、粗利益率、営業利益率、売上高／人、粗利益／人、営業利益／人、顧客集中度、売上高／顧客、品質レベル、新製品売上比率（新製品売上／全製品売上）、CS（顧客満足）などの指標を、**少なくとも3年（理想的には5年）程度さかのぼり、時系列で折れ線グラフを作って分析**することをお勧めします。特に**折れ線グラフが従来と異なる動きをしているところが要チェック**です。

16　バリュー・チェーン：
顧客価値を創造するために必要な機能、例えば、原料調達、製造加工、物流販売などを連鎖的に結びつけた一連の活動。実際には、企画、研究開発、原料調達、購買物流、製造・エンジニアリング、マーケティング、販売、出荷物流、サービス、人事管理などのさまざまな機能から構成される。

17　コア・コンピタンス：
独自のスキルや技術の複合体で、範囲の経済が効くもの。

さらに理想的には前述の指標を事業全体で見るだけではなく、**顧客セグメント別、製品別、地域別、チャネル別、プロセス別などのいくつかのユニットで集計して、同じように時系列で比較**していただくと、どのあたりに真の問題点があるのかがかなり絞り込めると思います。

自社分析とは、言うまでもなく自社の強み・弱みを明らかにすることですが、自社だけのデータでは相対的な比較ができませんので、**可能な限り競合関係にある他社のデータも収集**し、自社のデータとパラレルで比較できるように加工しておきます。

まとめますと、**業績のレビューは自社ユニット間比較、時系列比較、競合他社比較の3つの視点で行う**のが理想的です。多面的に捉えることで実態が明確になり、問題を見つけやすくなるのです。

業績を多面的に捉えることができたら、次のステップに進みます。**自社の強みと弱みが、どのような原因で生じているか**ということをバリュー・チェーン分析と関連づけて明らかにしていきます。**バリュー・チェーン**とは、インプットからアウトプットまでの変換プロセスを時系列的に整理したものであり、研究開発、マーケティング、製造・エンジニアリング、販売等の主活動を把握したうえで、その主活動の業績の向上を促進させる要因を列挙します。

この要因をパフォーマンス・ドライバーと言いますが、これらを自社のみならず、競合他社に関してもある程度評価できるだけの材料を集めてみてください。自社と他社のバリュー・チェーンに関する強み・弱みを説明変数（独立変数、原因／要因）的に捉え、業績の善し悪しを目的変数（従属変数、結果）的に捉えて、両者間の因果関係を意識しながら考察することで、業績低迷の真の理由を把握し、改善していくための仮説を導きやすくなります。

バリュー・チェーンに関しては、パフォーマンス・ドライバーを中心に、**メリハリを効かせて強み・弱みを判断**してください。ここでメリ

ハリを効かせて判断する基となるのが、**業界における成功の鍵（Key Success Factors）**と**自社の基本的な方向性**です。例えば自社の理念が、付加価値創造とかイノベーションであればバリュー・チェーンの中でも研究開発にスポットが当てられるべきです。また、コスト・リーダーシップがキーであるならば、購買や製造が注目すべきポイントになります。

図29 バリュー・チェーン

	R&D（研究開発）	Marketing（マーケティング）	Purchasing/Logistics（購買・物流）	Manufacturing/Engineering（製造・エンジニアリング）	Sales（販売）	Service（サービス）
Performance Drivers（パフォーマンス・ドライバー）		・発注管理システム ・情報システム ・マテリアル・ハンドリングおよび倉庫 ・少量多品種発注への対応システム			・情報システム ・修理およびパーツ ・顧客志向 ・コール・センターの質	
Strengths（強み）	・研究テーマの質・量 ・開発テーマの質・量 ・研究スタッフの質 ・報酬制度、教育制度 ・研究設備 ・特許	・コミュニケーション ・チャネル管理 ・製品品質評価、ブランド認知度 ・製品ミックスの幅 ・広告に関するスキル		・シンプルで実用的な設計 ・ローコスト生産 ・柔軟な生産システム ・生産装置、設備 ・スタッフの態度 ・部品、材料に対する	・関係性マーケティング ・営業チーム管理 ・顧客訪問回数 ・顧客ベースの規模、ロイヤルティ ・対象セグメントの成長性	
Weaknesses（弱み）	・研究テーマを評価する仕組み、スキル ・戦略的意思決定力	・小売との関係 ・市場細分化と集中 ・市場調査スキル		入手容易性 ・供給業者管理スキル		

　最後は、**コア・コンピタンスを明確にする**ことで、新しい用途や市場の開発がより適切に行われるようになります。

　コア・コンピタンスの3つの要件とは、以下の通りです。

・多様な市場へのアクセスが可能になるもの
・最終製品の効用に重要な貢献をするもの
・模倣可能性が低いもの

図30 （例）Cannonのコア・コンピタンス

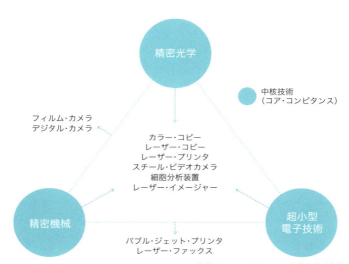

資料：Prahalad & Hamelを基に筆者修正

図31 自社資源分析（company）

1. 業績（実績）
2. バリュー・チェーン
3. コア・コンピタンス

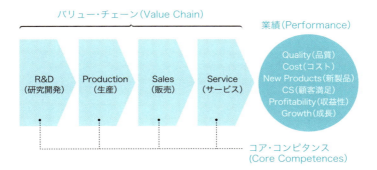

» マクロ環境分析（context）

　マクロ環境分析には、**政治（politics）、経済（economy）、文化・社会（society/culture）、技術（technology）、環境（environment/ecology）、法律（law/regulations）** が含まれますが、これを一般的には英語の頭文字をとって、略して **PESTEL**、社会の根底に流れる大事な要素として、**context（文脈）** と呼ばれているということは 1 章で解説させていただきました。

図32 マクロ環境要素に関するチェックリスト（例）

評価の側面	評価要素
政治	政府システム：民主的、権威主義的、独裁制、政府交代の頻度、暴動、反乱、ストライキの頻度、軍部の出動と影響力、外国企業への態度、専門家による政治的安定性に関する評価
金融	インフレーション、為替変動、資金フローに対する制限、為替統制、為替安定性、対外債務
経済	一人あたりＧＤＰ、所得分布（上位20％世帯のＧＤＰ比率）、ＧＤＰ年間成長率、農業人口成長率、製造業人口成長率、サービス業人口成長率、エネルギー消費量、鉄鋼消費量
法律	輸出入規制（関税、割当）、所有の制限、製品に関する基準、規則、競争や独占に関する規制、価格統制、環境基準、特許や商標に関する法規
人口統計	人口、年間平均人口増加率、都市化（都市人口比率）、人口比率（0〜14歳）、人口密度、人口年齢構成、平均寿命、幼児死亡率
地理	国土の広さ、地形上の特徴、気候条件（平均気温）、年間降水量、年間降雪量
技術	IoT（モノのインターネット）、BD（ビッグデータ）、AI（人工知能）、VR（仮想現実）、SML（ソーシャル・メディア・リスニング）、Robotics（ロボット工学）などのデジタル技術の普及
文化・社会	支配的価値観、ライフスタイル、人種のバラエティ、言語の数、医師一人あたりの人口、主たる宗教
ネットワーク	コミュニケーション・ネットワークの利用可能性、鉄道ネットワーク（km数）、道路ネットワーク（km数）、航空貨物輸送（容量）、一人あたり小売店舗数、小売集中度、ＴＶ所有率、ＰＣ所有率、雑誌・新聞の発行部数、一人あたりの携帯電話・スマートフォン台数、一人あたりの自動車保有台数
基本的資源・エネルギー	ガス消費量、電力消費量、キロワット時（kWh）電力コスト、エネルギー消費量、月額賃金コスト、労働者の技術水準、資金の入手可能性、金利、賃借料
製品の販売と使用	製品販売量、製品保有率（世帯向け事業の比率）、販売量の増減傾向、製品の販売数、購買頻度、平均購買規模
補完製品、代替製品の使用	補完製品の販売量と成長率、ユーザー産業の存在と規模、代替製品の販売量と成長率、補完製品の所有状況、中古市場の規模
競争状況	企業数、主要競合他社の存在、競合他社の成長率、市場占有率、上位3社企業の市場占有率

前ページに、より詳細なチェックリストを紹介しました。

マクロ環境分析の構成要素の相互関係ですが、開発された技術をうまく産業レベルで活用することにより、顧客市場に新たな価値創造がもたらされます。時として、副作用的なマイナス面が出てしまう場合がありますが、その際は、政治、法律で制御、調整を加えます。最後はその技術がライフスタイルとして、社会や文化として定着していくというイメージです。

図33 Context（PESTEL）

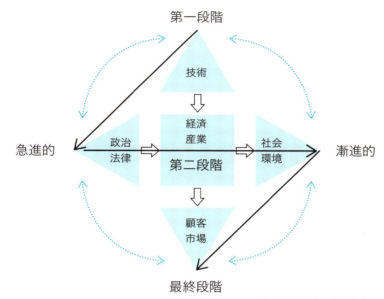

資料：Kotlerを基に筆者修正

こうした4CをSWOT分析に落とし込んだうえで、S×O、W×O、S×T、W×Tで整理し、戦略オプションを抽出していくSWOTクロス分析なども、プロジェクトの現場でよく用いられます。

図34 現状分析（SWOTクロス）

	Strengths （強み） ① ② ③	**W**eaknesses （弱み） 1. 2. 3.
Opportunities （機会） a. b. c.	①、②×a.b.c. ○○○ ③×c ○○○	1.×b. ○○○ 2.×c. ○○○ 3.×a. ○○○
Threats （脅威） A) B) C)	①×A)、B) ○○○ ①×B) ○○○ ②×C) ○○○	1.×A)、B) ○○○

Cell 3
より有効に市場機会を追求できるように内的な弱みを改善することが戦略の焦点

Cell 1
好都合な組み合わせをとことん活用する成長志向の戦略

Cell 4
この製品市場領域における関与を減らすか、異なる方向に向ける戦略

Cell 2
現在の強みを活かして、中期的な機会を開発していく戦略を示唆

現状分析のまとめとして2点、留意点としてコメントさせていただきます。

まずは、**現状分析と情報収集とは異なる**ということです。何でもかんでも情報を集めれば良いというものではなく、**何らかの仮説を持ったうえで**、情報を収集していただきたいと思います。戦略仮説を持って、その正当性を検証するためには、この情報が必要というアプローチです。仮説をベースに事業戦略を立案するという点については、98ページのコラムをご参照ください。

もうひとつが、イゴール・アンゾフという経営学者のコメントにもありますが、**経営とは部分的に無知の状態における意思決定である**ということです。**限られた情報の中で意思決定する勇気**を持っていただきたいと思います。最近とみに日本企業の意思決定が遅くなっていると言われています。機会の窓は永遠に開いていることはありません。タイミングが大切です。どうしても詰められないところがあるはずですが、そのようなときは、とりあえず、**Start small（小さく始める）、でも、Think big（大きなビジョンで）**。あとは、可能性が見えてきたら、Scale up fast（垂直立ち上げ）で、必要に応じて柔軟に修正していくというスタンスが必要です。

S×Oは基本策、W×Oは改善策、S×Tは開発策、W×Tは撤退策とお考えください。まずは、SとOを掛け合わせて骨太の基本策をしっかりと提言していただきたいと思います。

13 ステップ⑧　事業目標　　　　　　　BUSINESS STRATEGY

その事業で、計画期間内に
何を達成するのか

≫5つのポイントを押さえる

　事業戦略の場合も、目標の設定については企業戦略と同じ考えです。SWOT分析により、市場の規模と成長性、競合他社に対する自社の相対的優位性がある程度明確になっているわけで、以下の算式で自社の売上ポテンシャルが推定できるはずです。

市場規模×市場成長率×シェア

　売上ポテンシャルを押さえたうえで、計画期間内において、現実的に達成可能で、かつ、具体的なレベルでの売上目標を設定します。「目標設定はSMARTに！」とよく言われますが、その意味をもう一度確認しておきましょう。

・Specific（明確な、具体的な）
・Measurable（数字で測定可能な）
・Achievable（達成可能な範囲で）
・Result-oriented（結果志向で）
・Time-bound（時間を区切って）

日本語的に表現すると、目標は、明確に数字を用いて達成可能な範囲で、かつ結果志向で時間を限定して設定しましょうという意味です。

目標設定に関しては、もうひとつ、アメリカのシリコンバレーでよく耳にするフレーズをご紹介しましょう。**BHAGs（big, hairy, audacious goals）**というものです。これも、直訳すると以下のようになります。

目標（goals）は、
・Big（大きく）
・Hairy（やばいくらいの）
・Audacious（大胆不敵なレベルで！）

いずれも目標のレベルに関する形容詞ですが、ここまで言葉を重ねることで、**チャレンジングな方向に向かうエネルギーを結集しよう**という考えです。考え方はSMARTとは多少異なりますが、ご参考までに。

》「対環境相互作用性」と「環境予測可能性」

42ページからの企業戦略に関する目標設定のところでも述べさせていただきましたが、将来を予測することが容易で、対環境相互作用性が高い場合には、目標は、経営を実践していくためのガイドラインであり、守るべきものであり、統制のベースになるものとしての役割が期待されます。その一方で、環境予測可能性が低く、対環境相互作用性も低いような場合は、目標は試行錯誤しながら仮説を検証していくためのひとつの指標です。つまり、目標を守ることよりも、環境の変化に柔軟に対応することを最優先に考え、状況に応じて当初のアイデアを修正し、より良い戦略にしていくためのたたき台としての役割が期待されます。**各事業が置かれた環境を意識して、事業戦略策定そのものの意味を考える**ことが大切です。

14 ステップ⑨　事業範囲　　　　　BUSINESS STRATEGY

勝負する「土俵」の範囲を
どう定めるか

》「製品」と「市場」をどう考えるかが重要

　事業の範囲は、**市場（実際の顧客と潜在顧客）、ニーズ、製品、ブランド、技術、ソリューション等**で定義されることが多いのですが、**どのように定義するかが、事業の成長可能性を大きく左右します。**

　それだけではなく、このあとで検討される競争戦略やマーケティング・マネジメントにも大きく影響するという点で、事業範囲の設定は大変重要なテーマです。事業の範囲が狭すぎれば潜在的なチャンスが制限され、逆に広すぎればマス・マーケティングで十分ということになり、戦略的思考がほとんど意味のないものに思われてしまいます。

　一般的に事業の範囲は、製品と市場で定義されることが多いのですが、X軸に顧客・市場、Y軸に製品・ソリューションで整理します。これを**製品・市場マトリックス**（英語では、product-market growth matrixと言います）と呼びます。

　製品については、**顧客が求める結果をベースに定義すべき**という指摘があります。例えば、車という製品ではなく、パーソナル・モビリティとして、また、PCではなく地球規模のネットワーク能力、ガスではなく総合的なエネルギー・ソリューションというような具合に定義すべきという考えです。

図35 事業の範囲

		顧客／市場			
		I	II	III	IV
製品／ソリューション	A				
	B				
	C				
	D				

注：事業の範囲は企業戦略で大方定められているが、事業戦略策定に際して、それを確認し、かつより詳細に検討する。

　例えばIBMは、自社を"Solutions for a small planet"（スモール・プラネットのためのソリューション）と定義することによって、提供する製品をICTという技術から、ビジネスや産業上のソリューションに変えてきました。この製品の定義によって生まれたサービスやコンサルティングという品揃えが、同社の高い収益率の源泉になっていると考えられます。

　コピー機を販売する企業にとっても、製品を印刷機とするか、印刷サービスとするか、ドキュメント・ソリューションとするか、情報ソリューションとするかによって、事業の収益構造が大きく異なってくるのです。

　また市場の定義についても、一事業部で、大企業、中堅企業、中小企業、個人というような不特定多数の顧客の集合体をカバーしている

ケースもありますし（図36-1）、特に産業財（BtoB）のメーカーに多く見られますが、特定の顧客数社としか取引しないというケースもあります。その場合の市場は個別企業と考えられ、X軸は企業の固有名詞になります（図36-2）。

また事業によっては取引先が一社のみというケースも少なくありません。そのような場合は、その企業を事業部に分けて、さらにその事業部に製品を提供しているサプライヤーも含めて市場と認識し、事業機会を探索することも有益です（図36-3）。

最後に確認のための質問です。事業の範囲は、対象とする市場（markets to be satisfied）とその市場に対して提供する製品（solutions to be offered）の2軸で定義されますが、ここで製品と市場とは実際にどのように考えるべきでしょうか。3択問題です。

製品とは、
①ブツである　②スペックである　③ソリューションである

市場とは、
①製品の販売数である　②対象地域である　③顧客の集合体である

もう、おわかりですよね！

PART 2
BUSINESS
STRATEGY

強い会社は、各事業が「シェア」を順調に広げていく　事業戦略

図36-1 事業の範囲（不特定多数の顧客から構成される場合）

		顧客／市場			
		大企業	中堅企業	中小企業	個人
製品／ソリューション	ビッグデータソリューション				
	インフラソリューション				
	環境マネジメントシステム				
	スマートシティ				

図36-2 事業の範囲（数社の顧客から構成される場合）

		顧客／市場			
		Apple	Cisco	Motorola	LG
製品／ソリューション	デバイス				
	モジュール				
	システム				

図36-3 事業の範囲（一社の顧客から構成される場合）

		顧客／市場							
		住宅部門		四輪部門		船舶部門		航空機部門	
		OEM	Tier1	OEM	Tier1	OEM	Tier1	OEM	Tier1
製品／ソリューション	エンジニアリング								
	コンサルティング								
	メンテナンス								
	オペレーション								

注：OEM＝Original Equipment Manufacturer（本体）、Tier1（第1次サプライヤー）。

15 ステップ⑩　競争戦略　　　　　　BUSINESS STRATEGY

目標を達成するために、どのように戦うか

》ポーター・モデル、コトラー・モデルの「本当の使い方」

　事業の範囲が明確に定義されたところで、その**自ら定義した領域（製品・市場）の中で、競争を意識した戦略**を考えます。

　事業戦略はシンプルに表現すると、現状分析をして達成可能な事業目標を設定し、その目標を達成していくための手段を考えることであるとなりますが、事業を取り巻く環境は千差万別、目標を達成していくための手段についても、いくつものオプションの組み合わせが考えられます。事業ごとの個別の状況を理解したうえで特殊な解を導き出していく必要があります。

　しかし、すべてのケースにおいて、ゼロ・ベースで戦略オプションを組み立てていくと、莫大な時間とコストがかかります。そこで、**基本方向を押さえたうえで、特殊な問題に対してはそれが生じている状況を詳細に検討して、特殊解を導き出していく**というアプローチが考えられます。まずは、事業戦略に関する基本的な理論について、それが適用される条件も含めてしっかりと理解しておくことをお勧めします。

　事業戦略における競争戦略の類型としては、**ポーター・モデルとコトラー・モデル**が挙げられます。マイケル・ポーターのモデルは、競争の手段がコスト（提供するソリューションは同質的）か差別化（提

図37-1 ポーター・モデル〜競争優位性に基づく戦略類型

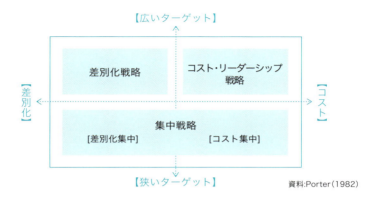

資料:Porter(1982)

図37-2 ポーター・モデルにおける競争の要素

競争の態度 \ 競争の手段	異質性	同質性
競争受容	差別化	コスト・リーダーシップ
競争回避	差別化集中	コスト集中

資料:ポーター・モデルを基に筆者修正

図37-3 コトラー・モデル〜競争地位に基づく戦略類型

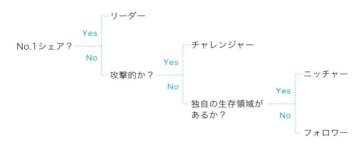

供するソリューションは異質的）か、対象ターゲットが集中（競争に対する態度は競争回避）か広域（競争に対する態度は競争受容）かという2つの要素に基づいて、**コスト・リーダーシップ、差別化、集中**という3つの戦略類型に整理されます。

フィリップ・コトラーのモデルでは、企業の競争地位によって**リーダー、チャレンジャー、ニッチャー、フォロワー**の4つの類型が示されています。ポーター・モデルもコトラー・モデルもそれぞれ4つのタイプが示されており、基本的な方向性が述べられています。

》競争地位別の4つの基本戦略類型

具体的にどのような状態において、どのような戦略を展開すべきなのでしょうか。

まず、ポーターの**コスト・リーダーシップ**についてですが、**業界トップでシェアNo.1の企業に採用される可能性が高い戦略**です。規模の経済によって、一ユニットに配分される固定費が下がると同時に、累積生産量が多くなるほど経験によって変動費も下がります。具体的には、経験による原材料の節約設計、生産工程の効率化、低コスト資材の導入などが期待されます。トップシェアを確保している企業だからこそ、コストを低くすることが可能になるわけです。トップ企業の基本路線は、低コストをベースとしながらも、価格を極端に下げることはせず、一定のマージンを確保しながらシェアの最大化を図るというものです。

次に業界の2位以下の企業が採りうる競争戦略について考えましょう。基本的には上記のコスト・リーダーシップは採用しにくいため、それ以外の戦略になります。**差別化戦略**か**集中戦略**かということですが、**差別化戦略**とは、**基本的には広い市場をターゲットにしながら、リーダーに対して製品・サービスで差別化する戦略**です。つまり、リーダー企業と同じ広い市場を選びながらも、リーダーとは異なる効用

を提供することによって顧客をひきつけて優位に立とうとする考え方です。

それに対して、**集中戦略とは、リーダーと正面から戦わず、リーダーとは異なる特殊な顧客市場に経営資源を集中する戦略**です。市場全体をターゲットにする戦略では、ターゲット市場全体に同じように対応するため、充足されないニーズを持つニッチ市場が生じる可能性があります。その隙間を狙ったターゲティングによって、価値を生み出す戦略が集中戦略です。

集中戦略はさらに、コスト・パフォーマンスで勝負をするコスト集中と差別化を追求する差別化集中の2つに分かれます。独自のコア・コンピタンスを活用して、大手が参入できないような独自の領域を構築することが可能であるならば、絞り込んだ市場で差別化を徹底することにより、より高いレベルでニーズに応える差別化集中戦略を推進します。そのような領域がない場合は、コストに反応する特定市場にフォーカスして廉価版を提供する、いわゆるコスト集中戦略を検討することになります。

図38 競争戦略類型（ポーターとコトラーの対応関係）

ポーター （基本方向）	コスト・ リーダーシップ	差別化	差別化集中	コスト集中
コトラー （競争地位）	リーダー	チャレンジャー	ニッチャー	フォロワー
基本戦略	市場拡大と 全方位展開で 同質化	セミ・フル カバレッジ*で 差別化推進	狭いセグメントに トータル・ ソリューション	コストに反応する 特定市場に廉価版 を提供

資料：ポーター・モデル、コトラー・モデルを基に筆者修正

＊セミ・フルカバレッジ：リーダー同様、一定の売上を維持するために、多数の市場セグメントをカバーする前提ではあるが、リーダーに対して差別化が可能なセグメントに力点を置いて展開する戦略。

BUSINESS STRATEGY

COLUMN 3

問題解決のための仮説設定プロセス

　2章では事業戦略について述べてきましたが、事業を単位とする現状分析（4C分析）を始める前にぜひとも実施しておいていただきたい作業のひとつが、仮説の設定です。そのためには、これまでの事業の目標が未達に終わった原因探索と、その中で最も大きな影響力のある要因を戦略課題として設定して、これを解決するための手段を検討するというプロセスが必要です。具体的なステップは以下の通りです。

1.　問題点を設定する
2.　問題点の原因を探索する
3.　問題点に対する真の原因を究明する
4.　問題点に対する原因を戦略課題に変換する
5.　戦略課題に対する手段を検討する
6.　手段の中で効果の大きいものを選択する

　こうした仮説の設定プロセスで大切なことは、まず、市場や顧客を自分自身の目で確かめるということだと思います。販売の現場に出向く、店頭でお客様の声を聞く、さらに製品が実際に設置されている現場に行って、お客様がどのように使いこなしているのか、何に困っているのか、場合によってはメンテナンス担当の話も聞くということもしていただきたいと思います。

PART 2
BUSINESS STRATEGY

強い会社は、各事業が「シェア」を順調に広げていく　事業戦略

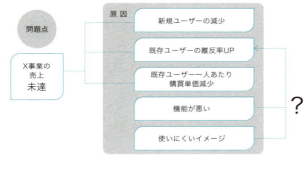

注：モレなくダブリなく原因を整理する。機能やイメージの問題は、既存ユーザーの離反の下位原因と考え、原因を上の3つに絞り込む。

099

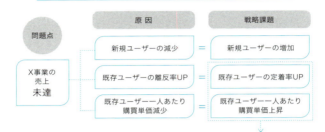

FUNCTIONAL STRATEGY

PART 3

強い会社は、戦略を
確実に「具現化」させる

《機能戦略》

16

FUNCTIONAL STRATEGY

戦略を動かすための「機能戦略」

» 機能戦略には3つのステップがある

　2章では、事業の範囲の設定とそこにおける競合他社に対する競争戦略について整理しました。

　本章では、**事業戦略を具現化するための施策**について述べます。まず、特定事業における対象顧客に対して提供する価値の開発や、その提供方法をテーマとするマーケティングを中心に解説します。

　次にマーケティングが研究・開発、生産・製造、営業・販売、物流・ロジスティックスといった諸機能（バリュー・チェーン）とどのように関係しているかを明らかにし、最後に、各種戦略を支えるインフラストラクチャーとしての組織・制度に関してポイントを述べます。

　第3章の構成です。

ステップ⑪：マーケティング戦略を立案する
ステップ⑫：バリュー・チェーンとマーケティングを同期化させる
ステップ⑬：組織・制度を整備する

図39 機能戦略の策定フロー

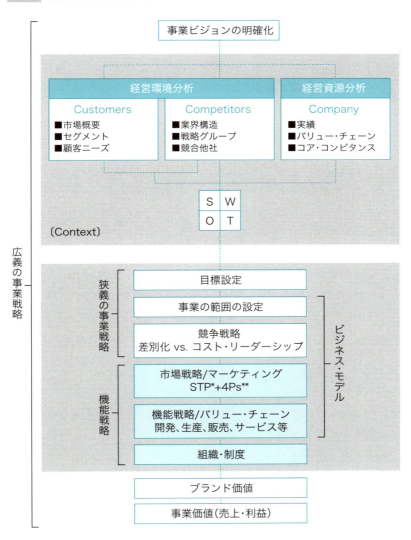

＊STP：Segmentation, Targeting, Positioning（市場と価値の選択）
＊＊Product, Price, Place, Promotion
　　STP+4Psは市場戦略で、標的市場に対する問題解決を提供するプロセスである。

資料：アジア太平洋マーケティング研究所（APRIM）ウェブサイトより抜粋

17　ステップ⑪　マーケティング戦略　　FUNCTIONAL STRATEGY

顧客のニーズをどう満たすのか

》マーケティングは「顧客への価値を創造するプロセス」

　ロバート・J・ドラン（1997）は、マーケティングについて次のようにコメントしています。

> Marketing is the process via which a firm creates value for its chosen customers. Value is created by meeting customer needs.
> マーケティングとは、選んだ顧客に対して、価値を創造するプロセスであり、価値は顧客のニーズを充足させることによって創造される。
>
> R. J. Dolan (1997)"Note of Marketing Strategy",
> *Harvard Business School Background Note 598-061, Octozu er 1997*

　すなわちマーケティング戦略とは、上記の通り、**顧客のニーズを満たす価値を創造するためのプラン**と考えられます。

　本書では、マーケティング戦略を、「顧客の満たされないニーズを見つけ、定義し、それに対してユニークなソリューションを提供することにより顧客価値を創造する一連の施策」と定義し、マーケティング戦略策定に関して、総論、各論、応用に分けてコメントします。

》マーケティング戦略の総論

　マーケティング戦略を策定するプロセスは、**STP**と**4Ps**の2つの過

程に分解することができます。

ひとつは、市場を同質のグループに細分化し（**セグメンテーション**）、その中で積極的に働きかけるターゲット顧客を選定すると同時にその顧客の仮説的ニーズを定義し（**ターゲティング**）、提供するソリューションとしての価値を顧客の心の中に位置づける（**ポジショニング**）活動であり、これが**マーケティングの総論**です。

これにより、どのような市場のどのようなニーズにどのような価値を提供するかという基本コンセプトを明確にすることができます。

図40 マーケティング戦略〜ポジショニングとターゲティングの融合

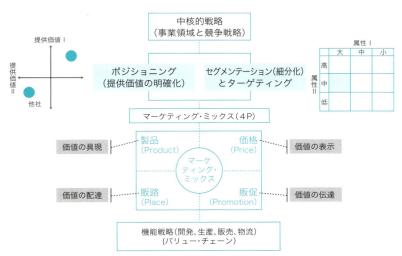

資料：笠原（2004）『成功した起業家が毎日考えていること』（KADOKAWA）を基に筆者修正

もうひとつは、上記のコンセプトを実現するための活動です。ソリューションを具体化すべく、**製品・サービス（product）** を開発・設計し、**価格（price）** を設定し、**販路／流通（place）** を設計・管理し、**販売促進（promotion）** を企画・実施するという一連の活動です。

この４つのＰの要素から構成されるマーケティング・ミックスを構築するためのプロセスは、「**価値を具現化し（製品）、表示し（価格）、伝達しながら（販促）、配達する（販路）過程**」と考えることができます。

　4Psとはシンプルに表現すると、ポジショニングで定めた価値を実現するための、**マーケティング戦略の各論**としてのプロセスです。

　実は事業戦略を策定する際に、現状分析で、Customers（顧客・市場）、Competitors（競合・業界）、Company（自社資源）、Context（マクロ環境）が検討されており、すでに以下のことが、ある程度、仮説レベルで明確になっています。

Customers（顧客・市場）：
　どのような顧客の、どのようなニーズを充足するのか？
Competitors（競合・業界）：
　このニーズを充足させる際に競合と認識される企業は？
Company（自社資源）：
　このニーズを充足させる際の、自社ならではの能力とは？
Context（マクロ環境）：
　このニーズを充足させる際のマクロ環境上の促進・制約要因は？

　マーケティング戦略を立案する際も、この分析結果を活用しない手はありません。繰り返しになりますが、マーケティングをプロセスで表現するとSTP＋4Psになります。

　まず、市場全体を同じような選好を示すグループに分け（=segmentation）、その中で積極的に働きかけるターゲット顧客を選定すると同時にその顧客のニーズを定義します（=targeting）。その際は、セグメントごとの市場としての魅力度（セグメント規模やセグメ

ント成長性）と自社の適合度（セグメントごとの購買決定要因と自社の製品・サービスとの適合度やセグメント内自社シェア）の2つの基準で、ターゲットとするセグメントを判断します。

図41 ターゲティングの際の評価

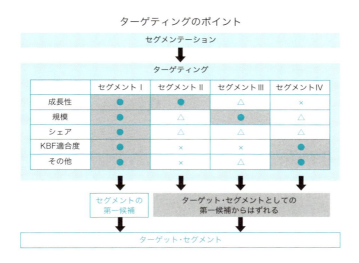

最後に、当該標的市場に対して提供する価値の理想的なポジショニングを明確にし（positioning）、それを具体化したマーケティング・ミックス（4Ps）を構築していきます。

上記のSTP＋4Psを展開する際には、**すでに行った現状分析に加え、必要に応じてさらに新たな調査や分析を加えながら実施する**ことをお勧めいたします。

標的市場として選定した顧客市場のニーズは本当に存在するのか？ そのニーズはどの程度強いのか？ 購買決定要因の順位は？ 顧客市場の規模はどの程度か？ こうした疑問に答えられるように、何らかの手段を講じておく必要があります。

フォーカス・グループ・インタビュー[18]、調査票を用いるサーベイ[19]な

---

[18] フォーカス・グループ・インタビュー：
小規模のフォーカス・グループで仮説の探索や検証を行うリサーチ手法。リサーチの目的を設定したうえで、探索・検証したい仮説を設定し、5名～10名程度で構成されるグループでインタビューを行う。参加者同士の意見交換などの相乗効果が生まれる。

[19] サーベイ：
質問票（いわゆるアンケート）を用いて調査結果をパーセンテージや平均などで数値化する調査手法。主として仮説を検証する際に用いられる。結論が大小で判断でき、統計的な分析ができる。対象者をグループに分けることで、グループ間の差異の把握が可能になる。

どの調査によって、戦略仮説を検証しておくこと、少なくとも**ターゲットとして設定したお客様の生の声（VOC）**[20] を聞いて、仮説がある程度正しいということを確認しておくことが必要不可欠です。

　ここでは、**ターゲット・セグメントに対するニーズ仮説を検証するための顧客満足度調査**を簡単にご紹介します。
　プロセスは以下の通りです。

1．調査概要の決定：
調査目的、対象、標本サイズ、調査方法等の明確化

↓

2．仮説の設定：
プレリサーチの実施と調査仮説の設定

↓

3．調査票の設計：
質問項目の質問文への落とし込み、および評価尺度の決定（5段階、7段階等）

↓

4．標本抽出：
調査の対象となるセグメントの決定と標本抽出[21]

↓

5．調査の実施：
トライアルにより、問題のないことを確認したうえで実査

↓

6．調査票の集計・解析：
結果をエクセルにダウンロードしたうえで、データを調整し、解析

20　VOC：
Voice of Customers、顧客の声。

21　標本抽出：
最近は従来主流であった郵送法などよりも、調査会社を通して登録している集団の中から属性でスクリーニングして、回答してもらうようなウェブ調査が一般的になっている。

まず、調査票を設計する際には、必ず**総合満足度、再購買意図（また買いたいか？）、推奨意図（他者へおすすめしたいか？）**のような目的変数的要素に関する項目を入れておくことがポイントです。

次に、これに対する説明変数的な要素を、**品質（quality）、コスト（cost）、納期（delivery）、開発（development）、サービス（service）**とか、あるいは4P（製品、価格、販路、販促）などに分解して、"**モレなくダブりなく**"質問項目を用意します。

図42　調査票の構造イメージ

顧客満足度調査の分析イメージです。フレームワークで大分類した項目を細かくして質問項目を設定します。

各項目に関する重要度と満足度を基に、基本的なスタンスを決めるわけですが、**重要度が高く、かつ満足度の低いところを重点的に改善しないといけません。**

その一方で、重要度が低く満足度が高いところはオーバー・スペックなので余分なところを削り、重要度が高く満足度も高いところは維

図43 顧客満足度調査のイメージ

顧客重要度／満足度分析

	Performance （満足度）	Importance （重要度）
Quality（品質） 回 a 回 b 回 c		
Cost（価格） 回 d 回 e 回 f		
Delivery（納期） 回 g 回 h 回 i		
Service（サービス） 回 j 回 k 回 l		
Total（顧客満足度）		

重要度・満足度マトリックス

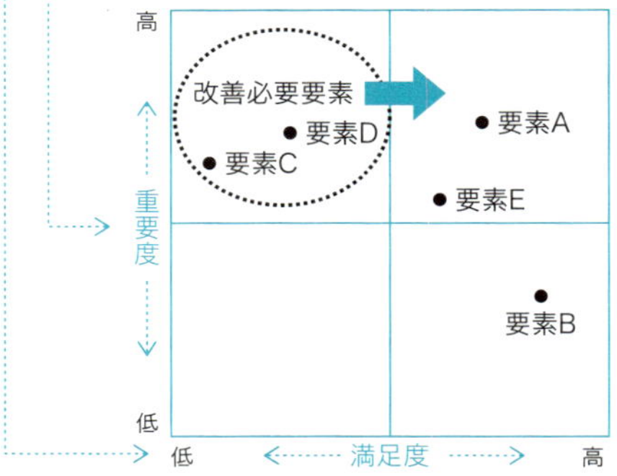

高

改善必要要素

● 要素D

● 要素C

● 要素A

● 要素E

重要度

● 要素B

低

低　←……　満足度　……→　高

(1) 重要度：5段階評価
　5: 極めて重要である　4: 重要である　3: どちらともいえない　2: 重要でない　1: まったく重要でない

(2) 満足度：5段階評価
　5: 大変満足している　4: 満足している　3: どちらともいえない　2: 不満である　1: 大変不満である

110

持しつつ、重要度が低く満足度も低いところは無視していくというスタンスです。

それでは、近年日本でもすっかり定着しましたが、LCC（Low Cost Carrier）の先駆的存在、米国のサウスウエスト航空を例にしてSTP＋4Psを簡単に整理してみましょう。

図44-1 セグメンテーション　〜市場の細分化〜

頻度＼目的	ビジネス	観光
低		
中		
高	✔ 疲れを癒したい ✔ 快適に移動したい ✔ 早く目的地に着きたい	

図44-2 ターゲティング　〜標準市場の設定〜

頻度＼目的	ビジネス	観光
低		
中		
高	ここを狙う！	

図45-1 ポジショニング 〜提供価値の明確化〜

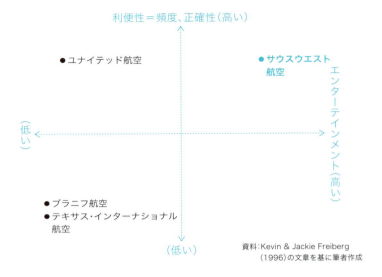

資料：Kevin & Jackie Freiberg（1996）の文章を基に筆者作成

図45-2 マーケティング・ミックス

サウスウエスト航空のマーケティング・ミックス

- 低額料金（無条件）
- ポイント・トゥ・ポイント[22]
- 国内線のみ
- 短距離フライト
- 頻繁、正確
- 15分ターン（離陸準備）
- 乗務員自身も機内清掃
- 機体はボーイング737のみ
- 小規模な飛行場の活用
- e-チケットによる直接予約
- 席指定なし（番号札のみ）
- ラフ・サービス（形式ばらない）
- 食事なし、サービスは有料で
- 経営者自ら広告塔に

22 ポイント・トゥ・ポイント：
出発地から目的地に行くまでに、ハブ（中継）空港を経由させるというハブ・アンド・スポーク方式に対する反対語。大都市のハブ空港を使わず、小都市の空港に直接に乗り入れる方式。

» マーケティング戦略の各論

マーケティング戦略の各論は、すでに述べたように**4Psの設計**です。各要素についてポイントを中心にコメントします。

製品（product）

製品については、「**顧客が価値を消費できる状態になったもの**」と定義することができます。

例えばマイクロソフト社の製品の価値とは何でしょうか。単純に表現すると「各種業務の効率化」となり、これを支えるために実際の製品として「基本OS＋基本アプリケーション」があります。こうした製品は一般的にネイキッド・ソリューション[23]と呼ばれています。これが一般的に考えられる物理的な製品ですが、マーケティングでは、これを製品とは呼びません。なぜなら、本当に各種業務を効率化するためには、コスト削減や業務遂行の改善に資するオプションやサービスが必要だからです。マーケティングにおいては、こうしたオプションや企業向けのICTスキルを向上させるための各種サービスも含めて製品と考えます。

では、今度はスターバックスについて考えてみましょう。

スターバックスの提供している価値は何でしょうか。一言で言うと「サードプレイス（第三の場所）」です。自宅でもオフィスでもなく、安らぎを享受できる第三の場所という意味です。

これを実現するための物理的な製品として、おいしいプレミアムなコーヒー、センスの良い落ち着いた感じの店舗インテリアなどがあります。

でもこれだけでは、価値である安らぎは完璧なものにはなりません。

---

[23] ネイキッド・ソリューション：
何もオプションを装備しない基本機能の状態。剥き出しの状態の機械を描写したことが起源。

これに、洗練された選曲のBGMオンエア、イケメンのバリスタによるコーヒー手渡し、フレンドリーなコミュニケーション、禁煙サービス等が統合されて初めてスターバックスの「サードプレイス」が消費できる状態になるわけです。

このように価値を実現するために必要不可欠なサービスを含めて製品と考えると、コモディティ化[24]によって顧客からコストダウンの要請が厳しい業界でも、何らかの打ち手が見えてくるかもしれません。

最後に産業財（BtoB）の会社について考えましょう。例えば、ガス・タービンを製造販売しているような企業の製品とは何でしょうか。

まず、提供している顧客価値から考えます。

シンプルに考えると、エネルギーの創出、略して「創エネ」ということでしょうか。エネルギーを地域に提供するためには、ブツとして

図46-1　製品＝顧客が価値を消費できる状態になったもの

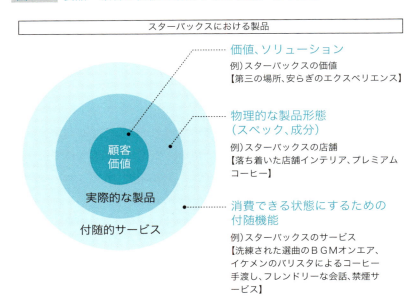

24　コモディティ化：
競合する製品同士の差別化特性が失われ、価格だけを理由に選択されるようになること。

のガス・タービンを作るだけでは、不十分です。顧客であるエネルギー会社は、ガス・タービンを購入する前には、技術的な検討を重ね、各種会議を取り仕切り、資金調達に奔走し、社内稟議や審査のための膨大な書作を作成しながらプロジェクトを進めていきます。購入後には、タービンの設置、MRO[25]に関する作業が必要不可欠になります。

こうした顧客企業内での負荷を軽減するサービスを提供できたらどうでしょうか。**マーケティングではこのようなサービスも含めて製品と考えます。**このようなサービスがあって初めてガス・タービンという物理的な製品が「創エネ」という価値を発揮できるわけです。

繰り返しになりますが、製品とは顧客が「価値を消費できる状態になったもの」なのです。

図46-2 製品提供の前後で生まれる付加価値サービス

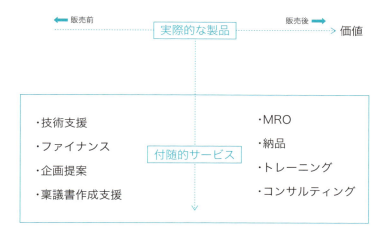

価格（price）

提供物の価値表示機能としての価格についてコメントします。価格設定に関しては、比較的頻繁に参照されるアプローチが3つあります。ひとつは、**自社のコスト**に基づくアプローチ、次が、**顧客の需要**を参

---

25 MRO：
Maintenance（整備）、Repair（補修）、Overhaul（分解修理）。

照するアプローチ、そして最後が**競合他社の価格**をベースにするアプローチです。この中で、特に日本の企業に伝統的に採用されてきたアプローチが、自社のコストに基づく価格設定です。これは、手続き的には最も簡単なのですが、競争優位性を構築するという点からは、最も困難なアプローチと言えます。コスト・リーダーシップを志向する新興国企業の存在が大きくなっている昨今、グローバルな価格競争に勝つことは極めて難しいです。したがって実際は、**顧客の需要をベースに競合他社の価格戦略も加味しながら目標販売価格と目標利益幅を決めて、許容される自社の原価水準を算出し、その価格帯で製品を作れるようなバリュー・チェーンを構築する**というアプローチが有効と考えます。

　そもそも論ですが、お客様は価格が高いから買わない、低いから買うというものではありません。高いモノであっても、必要なものであれば積極的に購入しようと思うはずです。逆にどんなに安いモノであっても、その価値が見出されなければ購入の検討すらされません。購買を決定づける要因は、一言で言えば顧客価値なのです。とはいえ、価値は知覚されなければ意味がないので、正確には**知覚価値が購買のベースになっている**と言えます。

　価格設定に関するシンプルなロジックを整理しておきましょう。顧客にとっての**ネット（純）価値**とは、**知覚された顧客価値と購入価格の差分**です。これを、考慮集合[26]の中にある他社と自社について求め、展開すると図47の真ん中のチャートになります。他社の提供物と自社の提供物の価値の差分を競合他社の価格に加えた額、これが、顧客として「払っても良い、喜んで払う」と思われる価格の最大値です。この水準を**WTP（Willingness to Pay）**と呼びます。**この水準より、少し下回るところに自社の提供物の価格を設定する**ということが価格設定の基本です。

26　考慮集合：
消費者は限られた資源と能力しか持ち合わせていないため、すべての代替案を検討するわけではなく、限られた数の製品のみを真剣に検討する。考慮集合とは、真剣な購買検討の対象となる製品の集合体を意味する。

図47 価格設定のロジック

顧客にとってのネット（純）価値

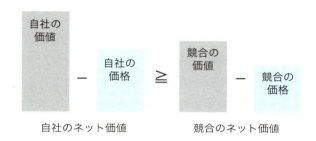

展開すると…

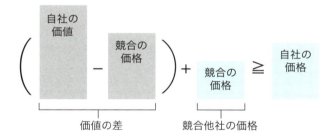

価格設定のポイント：WTPより低いところに設定する

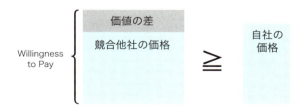

また、**新製品に関する価格戦略**についてですが、**上澄み吸収価格（skimming price）戦略**と**市場浸透価格（market penetration price）戦略**の2つがあります。

　上澄み吸収価格戦略は、高価格を設定し、早い段階で利益を刈り取る戦略ですが、**製品の競争力が比較的長く続き、需要曲線が長期にわたり安定的な場合**には最適の戦略です。

　一方、**競争の脅威が大きく切迫した状態で、量の拡大に応じて相当にコストが低下する余地があるという条件が揃っているような場合**は、低価格を設定し、大きな市場シェアを獲得したあとに規模の経済性や経験曲線効果を利用してコスト競争力での優位性を築き、やがては大きな利益を呼び込むという**市場浸透価格戦略**が適しています。市場浸透価格戦略の実行可能性は、将来的に市場が大きく成長する可能性が高ければ高いほど高くなると考えられます。

　価格の最後に、**競合他社からの価格値下げの脅威に対する対応方法**について整理しておきます。

　基本はあくまでも、**勝てない競争には参加せず、自分に競争上の強みがある領域のみで戦い、明らかに不利な戦いは避ける**というものです。仮に競合他社の値下げに自社が対抗して価格の引き下げを行った場合、競合他社が価格差を回復させる意欲と体力があるかどうかを考えます。競合他社にそれらがないのであれば価格競争に打って出ましょう。

　しかし、さらに競合が反撃してくる可能性が高く、それに対する防衛策のコストが、シェアを失うことによって生じるマイナスよりも高くついてしまうような場合は、要注意です。

　他の市場に悪影響が出ないのであれば、競合他社の短期的な価格競争には乗らず、長期的な利益の最大化に目を向けるべきです。

販路／チャネル（place）

マーケティング戦略における**販路／チャネル**には、**設計**と**管理**という2つの重要なテーマがあります。

ひとつは**マーケティング目的を実現するための最適な販路／チャネルの設計**です。しかし、これは決して簡単ではありません。販路／チャネルの選択肢は無数に存在しますし、ターゲットとするセグメントが多い場合は、複数の販路／チャネルを同時に利用する必要があるからです。また環境が絶えず変化している以上、チャネル構造も定期的な見直しが必要です。

顧客のニーズの変化、e-コマースの急成長など、斬新な販路/チャネル戦略の必要性を示唆する要因は少なくありません。

もうひとつが、**目標が実現されるように設計された販路／チャネルを管理しなければならない**ということです。チャネル活動を効果的に運営するためには、チャネル・パートナーの選定、求めるパフォーマンスの達成に向けた動機づけ、メンバー間のコンフリクト（衝突）の調整、パフォーマンスの評価手法の開発などが必要になります。

まず、販路/チャネルの設計についてのプロセスを紹介します。

①対象とする顧客セグメントを選択して定義する
↓
②対象セグメントごとのチャネルのニーズを把握する
↓
③現時点でのセグメント顧客に対するニーズ充足能力を評価する
↓
④競合のチャネル政策に関して調査し、改善の参考にする
↓
⑤直接販売、間接販売の組み合わせを基にチャネル構造を設計する
↓
⑥チャネルを評価し、必要に応じてチャネル構造を修正する

販路／チャネルを設計するとは、シンプルに表現すると次のような構造チャートを作ることを意味します。

第一に、直接販売にするのか、間接販売にするのか、その組み合わせか、または、e-コマースを加えるのか、第二に、階層をメーカー→卸→小売という3段階にするのか、卸、小売を省略するのか、または、卸を2段階にするのか、最後に、各段階にどのようなタイプの業者を採用するのか、その数はどうするのか等を考えていくわけです。

チャネル構想を考える際に基本となるのが、**リーチ**（対象となる標的顧客の数および顧客の物理的な分散）と**リッチネス**（顧客からのニーズの吸い上げおよび顧客に対する提案内容の両面に求められるコミュニケーションの複雑性）です。**リーチが極端に広く、その半面リッチネスが極めて低い場合は、e-コマースを選択し、リーチが狭く、リッチネスが高い場合は直接販売で、その中間的な条件の場合は、間接販売**という選択です。

次に**チャネルの管理**について言及しておきたいと思います。

せっかく戦略的に理想的なチャネル構造ができたとしても、チャネル・メンバーに対する動機づけが行われなければ、販路／チャネルは十分に機能することができません。

チャネル関係は、パートナーシップであるという認識を持つことがポイントです。製造企業と流通業者はパートナーとして活動するのであり、製造企業が流通業者に専門知識や各種サポートを提供することができれば、それがチャネル全体の有効性を高めることになります。いくつかの実証研究でも、表彰制度、製品研修、目標の共有、建設的なフィードバック、共同作業による年次計画の策定と達成度に関する定期的評価、メンバー間の情報共有を目的としたディーラー会議など

図48 チャネル構造

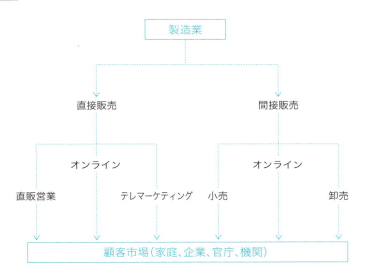

図49 リーチ（量）とリッチネス（質）

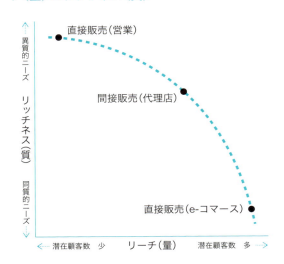

がパートナーシップ構築のための有効な手段として指摘されています。

　ディーラー会議に関しても使い方次第では非常に大きな成果につながります。実際私がお付き合いさせていただいている会社のケースですが、チャネル・メンバーから提言された内容を製造企業が整理して、実際に実行されるプログラムを選択し、それを報告書にして会議に参加したメンバーに配付しています。実際に提案の大半が実行されており、これによって流通業者のモチベーションも高く保たれています。

　最後に、スティーブン・ウィーラーおよびエバン・ハーシュの"Channel Champions"（邦訳『チャネル競争戦略』）のコメントを紹介しておきます。

> 　チャネルは顧客と企業が交わる接点であり、製品やサービスを購入したり、使用したりする場所や方法に関するすべてが関係する。チャネルは、企業がその顧客に到達するルートであり、顧客との継続的関係にほかならない（中略）チャネルについて考えるときは、戦略全体について考える必要がある。効果的なチャネル管理は、一企業にとどまらず、その業界全体を再構築する可能性を秘めている。

販売促進（promotion）

　販売促進は、**広告（advertisement）、広報（public relations）、人的販売（personal selling）、販売促進（sales promotion）、ダイレクト・マーケティング（direct marketing）**の５つに分類することができます。お気づきのように販売促進には、上記５つを含めた広義の意味と下記に説明する狭義の意味の２種類があります。

　広告とは、非人格的媒体（例えば、**テレビや新聞、雑誌など**）によって自社の製品やサービス、あるいは自社そのものについて行う有料の情報伝達活動です。

一般的には、**広報**とは、パブリック・リレーションズとも呼ばれますが、非人格的媒体を使って、売り手以外の第三者による当該企業のイメージや個々の製品に関する情報伝達です。**自社製品の記事を書いてもらう**ようなことがよく行われています。

人的販売とは、文字通り、人という人格的媒体を使って行うメッセージ伝達であり、**プレゼンテーション、質問への返答、注文獲得**などを行います。

販売促進（狭義）は、広告、広報、人的販売以外のプロモーションを意味します。狭義の販売促進の実質的な意味合いは、上記の３つのカテゴリーには入らない、その他のすべてというカテゴリーです。製品やサービスの試用、購入を促進するためのさまざまな短期的インセンティブを総称したもので、**サンプル、懸賞、試飲会、イベント、展示会等**が含まれます。

最後に、近年注目を集めている**ダイレクト・マーケティング**があります。具体的には、LinkedIn、Facebook、YouTube、Web、電子メールなどを使って、**特定の顧客や見込み客との直接的なコミュニケーション**を行い、直に反応を求めることもできます。

こうしてみると、販売促進（広義）とは、かなりあやふやな分類原理で類型化されています。とはいえ、この分類のあいまいさが、型にとらわれない自由な発想を生むこともあり、こういうアバウトなところがマーケティングの良いところでもあるわけです。

さて、広義の販売促進の類型について触れましたが、どのように使い分けをすべきなのでしょうか。

ここで少し、消費者行動論の理論を用いて考えてみましょう。個人の顧客の購買行動をプロセスとしてモデル化したものです。

ステージ１　問題・ニーズの認識

自分の現状と望んだ状態との間にギャップが存在することを知覚し、何らかの問題があり、それを解決したいと認識する。あるいは満たされていないということを感じている。

ステージ２　情報検索

問題を解決し、意思決定するための情報収集をする。

ステージ３　購買代替案評価

情報検索ステージで得られた情報を基に購買の代替案を形成し、ある基準を用いてそれらを評価し、購買行動を起こす前に購入商品（カテゴリー）やブランドを検討・選択する。

ステージ４　選択・購買

購買をするため店頭に行くなどして、実際の購買行動を実行する。

ステージ５　購買後評価

購買後に実際に商品を使用して、満足、不満足の評価を下す。または、選択代替案について再評価を行う。

この購買プロセスの過程で顧客の心理状態が変化するのです。まず、情報を探索することによって、製品やサービスについてまったく知らない状態から知っている状態になり、つまり認知して、さらに正確にその製品やサービスを理解して、好き（あるいは、嫌い）という態度を形成し、購入しようという意図を形成して購買に至ります。この心理的な変化を先ほどの意思決定プロセスと統合すると、右ページのチャートになります。

図50 意思決定プロセスとしての購買行動

ステージ1：問題・ニーズの認識
自分の現在の状況と望んだ状態との間に違いを感じ、自分の理想的状態を考える。何かの問題があり、それを解決したいと思う。あるいは自分の満たされない状態を感じる。

ステージ2：情報検索
問題を解決し、意思決定するための情報収集をする。

ステージ3：購買代替案評価
情報検索ステージで得られた情報を基に、購買の代替案を形成し、ある基準を用いてそれらを評価し、購買行動を起こす前に購入商品（カテゴリー）やブランドを選択する。

ステージ4：選択・購買
購買をするため実際に店頭などに行き、店頭で実際の購買をする。

ステージ5：購買後評価
購買後に実際に商品を使用して、満足、不満足の評価を下す。

認知
理解
態度
意図

では、実際に図51のような状態の場合はどのような対応をしたら良いと思いますか。どのようなプロモーションを展開したら良いか、具体的に検討していただきましょう。

図51 購買率を上げるにはどうしますか？

	【ケース A】	【ケース B】	【ケース C】
母数	100	100	100
認知	42	80	71
理解	29	70	58
態度	22	16	40
意図	15	12	14
購買	10	10	10

ケースAはシンプルですね。認知度が低いので、広く知ってもらうのに適した活動としての広告を展開したら良いと思います。

ケースBはどうでしょうか。これはやや複雑です。認知度も高いですし、製品やサービスに関する理解もきちんとなされています。そのうえで嫌いと判断されてしまっているわけです。このケースでは、潔く製品コンセプトを一から見直すか、いっそのことターゲットを変えてみることをお勧めします。

ケースCはどうでしょうか。態度までは、まあまあなのですが、購入したいという確信が得られていないわけです。良いなと思っていても買う気にまでは至っていないのです。ここは、肩をぽーんと押して差し上げる活動としての販売促進が良いのではないかと考えます。例えば、大きな設備を販売する場合は、デモンストレーションを工場見学とセットで実施するとか、小さな装置ならトライアルでとりあえず使ってもらうとか、消費財なら試供品の提供とかいっそのこと価格インセンティブで期間限定特別ディスカウントとか、低利のファイナンスをつけるとかなどです。

要は**製品に対する好感度、すなわち態度（attitude）が大事**なのです。"いいね"と言ってもらえれば、プロモーションの活用いかんで何とかなるわけです。では、態度（"好き嫌い"とか"いいね"のレベル）というのはどのようにして形成されるのでしょうか。それを説明する理論が、**多属性態度モデル（multi-attribute attitude model）**と呼ばれるものです。

多属性態度モデルの計算式[27]は、下記の通りです。

$$\text{態度（Attitude）} = \sum_{i=1}^{n} b_i e_i$$

要は、対象となっている製品とかサービスが複数あって、比較検討しようとしている属性が n 個あるとします。候補としている対象物に、

27　多属性態度モデルの計算式
態度＝（属性b₁を持っているという信念×属性b₁の重要度）＋（属性b₂を持っているという信念×属性b₂の重要度）＋…＋（属性bnを持っているという信念×属性bnの重要度）

自分が求めている属性が備わっているとしたら＋3、備わっていないならば−3とします。属性が備わっているかが信念"b"で表現されています。そしてそもそも、それぞれの属性をどのように評価するか、つまり各属性を持っていることが良いことなのか＋3、悪いことなのか−3、言うなれば重要度ですが、これをeで表現しています。**各属性の信念と重要度の積和が態度を決定づける**という式です。

信念：b=belief→属性を持っていると判断するかどうか
　　　bi→対象物がi番目の属性を持っているという信念（持っていそう＋3、持っていなさそう−3）
評価：e=evaluation→各属性の評価、重要度（重要＋3、重要でない−3）
　　　ei→そのi番目の属性に関する評価的側面、信念（属性）iの重要度
態度：a=attitude→製品の各属性に関する信念（具備レベル）と評価（重要度）の積和

図52　態度形成のメカニズム

各属性の具備レベル（信念）とその評価（重要度）は？

属性	属性評価 e 評価する＋3	属性に関する信念　b 持っていそう＋3、持っていなさそう−3		
		鈴木印刷 （仕事が早い）	佐藤印刷 （コスト低い）	田中印刷 （品質が良い）
		bi	bi	bi
Q（高品質）	+3	+1	-1	+3
C（低価格）	-1	+1	+3	-3
D（短納期）	+2	+3	+1	+1
態度 $\sum_{i=1}^{n} b_i e_i$		+8	-4	+14

b: belief（属性を持っているかどうかということに関する主観的評価）
e: evaluation（各属性の重要度）

販売促進（プロモーション）戦略の立案のステップについてコメントしておきます。次の6つのMで考えます。

1. プロモーションの目的確認（Mission）
2. 標的市場の設定（Market）
3. プロモーションの予算決定（Money）
4. メッセージ作成（Message）
5. 媒体選択（Media）
6. プロモーションの有効性確認（Measurement）

具体的に広告の場合で考えると下記のようになります。

①広告の目的確認、②ターゲット・オーディエンスの明確化、③広告予算決定（経験則法、目的－タスク法[28]、閾値を越す必要性）、④メッセージ作成（ターゲット・ユーザーの求める価値、購買センター構成員のニーズの明確化）、⑤媒体選択（垂直型・水平型[29]、到達コスト、頻度）、⑥広告の有効性評価（達成度の確認）。

》 マーケティングの応用

マーケティング戦略の総論、各論と見てきたわけですが、この辺で特に留意しておきたい**脱コモディティ化**というテーマについてコメントしたいと思います。

お仕事で長年お付き合いさせていただいているクライアントの企業の方から、特に最近、製品のコモディティ化による利益率の低下傾向について相談をいただきました。

そもそもコモディティ化はなぜ生じるのでしょうか。「**コモディティ化**」とは、**供給される製品・サービスの差別化が困難になり、顧客**

---

28 **タスク法：**
広告が遂行すべきタスクを評価し、各タスクにかかわるコストを分析して、総コストを合計して最終的な予算とする広告費予算の手法。

29 **垂直型・水平型：**
垂直型とは、特定の業界内で現場監督から社長までが読むような業界紙。水平型とは、業界を問わず、タスクや技術または機能で特色を出しているような専門誌。

から見ても、**本質的な部分で違いを見出しにくくなっているという状況**と考えられますが（元来「コモディティ」とは産品とか原料という意味です）、例えばその企業では画像処理システムの画素数を500万画素から1000万画素にして差別化したつもりでも、顧客はその違いを十分認知できず、上がった分のコストを価格に反映することができなかったということです。

むしろ、効用の改善のために行った製品アップデートが、一部の顧客からは、オーバー・エンジニアリングと感じられてしまうことすらあるわけです。

それでは、差別化が非常に困難な現代において、企業はどのようなマーケティング戦略を練っていけば良いのでしょうか。図53は、**どうしたらコモディティ化を避けることができるのか**ということを考えるためのたたき台です。

図53 脱コモディティ化と顧客価値　〜提供する価値と提供物の形態〜

資料：Narayadas（2003）、延岡（2006）等の資料を基に筆者作成

図中のY軸は**提供する価値そのもの**を表現する軸で、**機能中心の価値**（処理速度、容量、薄さ、軽さ、コンパクトさ、耐久性等）と、**感性的な価値**（デザイン、使用感というような五感に対する刺激や、安心感、あたたかみ、わくわく感というような製品の持つ世界観も含む）のどちらを出していくのかという要素です。X軸は、**その価値の提供方法**を表現しています。**ハード中心か、それともソフトも加えての展開なのか**ということです。

　まず左下ですが、**機能的な価値をハード中心で展開する**ケースで、例えばPCのブランドと言うとデルが典型的です。この領域では、**新製品を作ってもリバース・エンジニアリング**[30]**によってすぐ模倣されます**。したがって**低コストで製品を提供できる仕組みが必要**です。

　デルの古典的なビジネスモデルを見てみましょう。受注生産と直接販売を組み合わせたビジネスモデルで、顧客からのオーダーを受け、その要望に合わせて外部サプライヤーから部品を調達して、カスタマイズした製品を、生産、流通、小売業者を介さずに直接販売しています。直販のため流通マージンを省略できます。加えて受注生産方式のため、在庫の回転率は高く、しかも半導体部品は日々値段が下落し、速いサイクルでより高機能の部品が市場に投入されるため、部品の価格低下を即販売価格に反映できます。顧客は陳腐化していない最新スペックのPCを低コストで購入できるということになります。この象限でテーマとなるのは脱コモディティ化というよりも、**コモディティ化した市場でどのように競争優位を維持拡大するのか**ということです。

　脱コモディティ化の方向のひとつが、象限の上へ向かう**感性的な価値を出していく方向です。デザイン、使用感というような五感に対す**

30　リバース・エンジニアリング：
工業製品やソフトウエア製品を分解して、その内部構造、
動作原理、製造方法などを調査すること。

る刺激、安心感、あたたかみ、わくわく感というような世界観も含めて価値を出していくということです。ICT関連で考えると、パナソニックのタフブックとかタフパッド・シリーズです。まさに名前の示す通り、建設関係者、警察、特殊部隊をターゲットに、いかなるハード環境においてもタフに機能を発揮するという安心感を提供しています。この象限では**ハードとしての製品をブランド化する**ことがポイントと考えます。

　次の脱コモディティ化の方向性が、象限の右へ向かう**ハードに各種サービスやソフトを加えて展開する**ケースです。少し古いお話ですが、富士通が主体となって展開したパソコン通信サービスのNIFTY SERVEなどは、ハードとしてのPCに、通信というサービスを組み合わせた古典的なケースと考えられます。NECが以前展開していたインターネット・サービス・プロバイダーであるBIGLOBEが提供していた価値も、PCというハードとプロバイダーによる各種サービスの統合と考えられます。最近の事例では、小売業界に対して、監視カメラとAIを組み合わせて、レイアウト、商品配置も含めて顧客インターフェースをどのように改善したら良いかをコンサルティングしながら、システム・ソリューションを販売していくような展開などが考えられます。

　最後の方向性が右上の象限です。**提供する価値が機能中心から感性的価値の提供にシフトすると同時に、その価値提供の方法もハード中心から、各種サービスを加えたものに複合化させる**という価値転換を伴う内容です。この象限は、ヨーゼフ・シュンペーターの言う**新結合**にほかなりません。ICTの世界では、すでにクラシックなモデルになりつつあるかもしれませんが、アップルが典型的なケースとして考えられます。アップル社のビジネスモデルの構成要素は、スタイリッシ

ュな携帯端末、通信システム、ミュージック・映画・ビデオの配信サービスであるiTunes、書籍管理ソフトのiBook、あらゆる生活シーンをわくわくさせる多種多様のアプリケーション、進化し続けるマックOS、何かあった際にハイタッチ感で対応してくれるアップルストアなどの各種要素の統合モデルです。携帯端末や音楽プレーヤーとしての機能に加え、洗練されたデザイン、音楽・映像配信サービスといういろいろな要素を"新結合"したモデルと考えることができます。アップル社の顧客価値は、決して固定したものではなく、iPhoneというハードを購入したあとでアップル社と相互作用しながら、顧客がおのおの自分のライフスタイルに合ったソリューションを経験し、価値を創造していくところに特徴があります。

　自動車業界でも考えてみましょう。大衆車を作るというモデルは左下の「低コスト」の象限になります。それに対してフェラーリは、左上の「ブランド」のモデルです。Uberは「ソリューション」の右下の象限と考えられます。テスラは、ブランドとサービスの統合の「イノベーション」のモデルと考えられます。テスラはロードスター、モデルS、モデル3という高性能EVを提供していますが、端末としての車の学習機能を通して、顧客にはより安全で快適なモビリティ・サービスを提供していると考えます。EV用の充電池や太陽光パネルも販売しており、将来的にはこうした装置も含めて、より効率的なエネルギー・ソリューションを統合的に提供していくことも視野に入れています。

　ここでのポイントは単に各種要素を新結合させるだけでは、イノベーションは起こらないということです。アップルやテスラのモデルに見られるように、顧客との協働活動に基づく価値を共創するプロセスを通して、製品が顧客に受け入れられ、真のイノベーションが生まれます。従来は、製造業＝モノ作り、サービス業＝サービス提供という

図式があったと思います。しかし、イノベーションは顧客に受け入れられて初めて世の中に革新が起きるわけで、喜ばれて、感謝されて、受け入れられるモノ作りということで、これからは、製造業こそサービス業であり、その中核のひとつがハードであるという考え方が必要になってくるのではないかと思います。

18 ステップ⑫　バリュー・チェーン　　FUNCTIONAL STRATEGY

価値を創出するシステムを
どう構築するか

》 必要不可欠な3つのプロセス

　マーケティングの応用のところで、価値の創出の基本パターンとして4つの類型を紹介させていただきました。

　これは、あくまでも類型であり、事業ごとに独自の価値の出し方を考えていく必要があるわけですが、ここで顧客価値が決まったら、価値を実際に創出するためのバリュー・チェーンを構築し、提供価値に適合させつつ、継続的に強化していかなければなりません。

　顧客価値創造に必要不可欠な主要なバリュー・チェーンは以下の3つに集約されます。

①オペレーション管理プロセス（生産・製造）
②顧客関係性管理プロセス（営業・販売）
③イノベーション管理プロセス（研究・開発）

　各プロセスの相対的な重要性は、どのような顧客戦略を採用するかによってかなり異なってくることは言うまでもありません。

　例えば、イノベーション追求型の戦略を採用するならば、イノベーション管理プロセスに重点が置かれる一方で、低いトータル・コスト戦略を推進する場合は、オペレーション管理プロセスがポイントにな

ります。

しかし、いずれの場合も、各プロセスが有機的に結びついて初めて価値提案を支えることができるわけで、社内の複数のプロセスが統合され、連動することで、システムとしての優位性が高まり、模倣されにくくなります。その結果、システムとしての優位性やその継続性も高まることになります。

なお、システムを有機的に機能させるためには、**マーケティングと各機能との調整と同期化**が必要不可欠です。ポイントをまとめておきます。

図54 顧客価値に合わせたバリュー・チェーンの構築・調整

	社内ビジネス・プロセスにおける重点領域		
	オペレーション管理 （生産・製造）	顧客関係性管理 （販売・営業）	イノベーション管理 （研究・開発）
低いトータル・コスト戦略	高度に効率的なオペレーション・プロセス、効率的でタイムリーな物流	顧客にとって便利なアクセス、購買後サービスの充実	プロセス・イノベーションの追求、規模の経済の獲得
新結合イノベーション戦略	柔軟な生産プロセス、新製品の早期導入	新提案に際しての顧客アイデアの獲得、複合的な新製品/サービスを相互作用で開発	新しい機能や特徴を出すべく研究・開発を行い各種要素を新結合
完結した顧客ソリューション戦略	広いラインでの製品/サービスの提供、広範囲にわたる製品/サービス提供を可能にするサプライヤー・ネットワーク	顧客に合わせてカスタマイズしたソリューションの提供、顧客との深い関係性構築、顧客に関する知識の強化	顧客をサポートする機会の探索、顧客の将来的ニーズの予測
ブランドによる顧客囲い込み戦略	高い品質の製品/サービスを提供する能力の確保、信頼できるアクセス	認知率のアップ、既存および潜在顧客のブランド・スイッチ・コストを高めるための働きかけ	高い品質、デザイン、使用感というような五感に対する刺激を開発

Kaplan & Norton（2004）を基に筆者加工修正

図55 機能横断的な連携

システムとしてのマーケティング

	製造	研究・開発	物流	技術サービス
マーケティング部門に求めるサポート	●売上予測	●市場/競合データ ●顧客ニーズのデータ	●売上予測 ●配送サービスのニーズ	●顧客ごとの目標と計画 ●顧客への約束
戦略への貢献	●生産量、品質 ●供給スピード	●新製品技術 ●競合への追随	●正確な納期 ●トレーサビリティ	●トレーニング ●トラブル解決

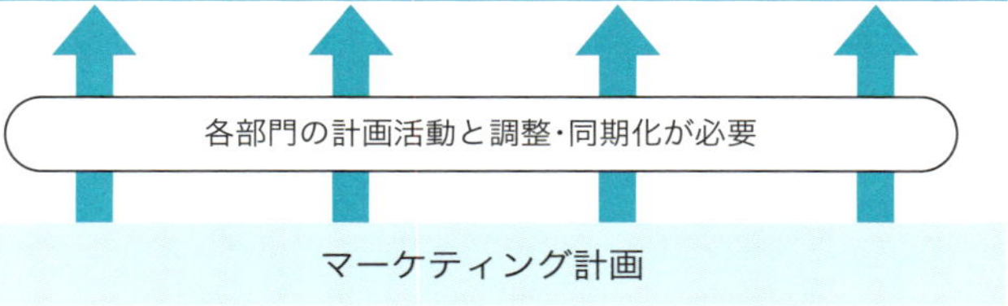

各部門の計画活動と調整・同期化が必要

マーケティング計画

　バリュー・チェーンについて近年考え方が大きく変化していることに触れておきたいと思います。変化の源は、言うまでもなく**IoT、ビッグデータ、AI（人工知能）、AR（拡張現実）、Robotics（ロボット）などのデジタル技術の活用による変革（デジタル・トランスフォーメーション、略してDX）**です。デジタルネィティブの会社にとっては、DXはごくごくあたりまえで、DXを前提として戦略が構築されていますが、インターネット技術が普及する前から活動している伝統的な企業に関しては、DXは、単なる技術のひとつくらいにしか捉えていないケースが少なくありません。

　デビッド・ロジャース（2016）は、**デジタル技術によって以下の5つの領域で大きく変化が生まれている**と指摘しています。

　第一は、**顧客の領域**です。顧客は、ネットワークの構成主体として考えられるようになり、売り手と買い手の間での双方向コミュニケーションが容易になっているため、製品やサービスを買ってくれる対象市場という認識から、価値共創のパートナーという見方へと変化しつ

つあります。

　第二に、**競争に関する考え方**です。従来は業界内のみの競争を考えておけば足りたのに対して、プラットフォームを活用すれば、戦略的に必要な資産をパートナーからの調達で賄うことが可能になるため、業界横断的な競争が以前より激しくなっています。

　第三は**データの活用**です。現在は、SNSなどを通して個々の消費者から膨大なデータが生み出されていますし、クラウドによりデータ保存にもお金がかからず、また構造化されていないデータ活用も十分可能になっています。ありとあらゆるところで生み出されるビッグデータを活用することによって、より精微な顧客行動の分析が可能となり、そのビジネスにおける可能性は飛躍的に上がっています。

図56　DXで大きく変わる領域

事業領域	従来	現在
顧客	企業から顧客への一方的価値の提供 顧客は購入者で、マス・マーケットの対象 コミュニケーションはアナログで一方通行 企業が主たる影響者	企業と顧客は双方向で価値を共創 顧客はネットワークの主体で、シェアリング・エコノミー コミュニケーションはデジタルで双方向 顧客が主たる影響者
競合	特定の業界における競争 パートナーと競合の峻別 主要資産は企業で所有 ユニークな属性と効用のある製品	業界横断的な競争／異分野からの参入 パートナーと競合の二役（競争と協働） 主要資産は企業外部に存在 価値交換を促進するプラットフォーム
データ	データは企業内で創出 データ保存と管理が課題 構造化されたデータのみの活用 データは効率アップのために活用	データはあらゆるところで創出／ビッグデータの活用 データの価値ある情報化が課題／戦略的資産 構造化されないデータも活用 データは価値創出のために活用
革新	意思決定は、直感や上位管理者で すべてを検証したあとグランドオープン 失敗は、何としてでも避けるべきこと 仕上げるために完成品に着目	意思決定は仮説の設定とその検証で リスクの際、スタート・スモール、即スケール・アップ 失敗は、学習のために貴重な体験 プロトタイプ（MVP）の活用で、継続的改善
価値	顧客価値は、売り手が定義する 現在の顧客価値提供に集中 現時点でのビジネスモデルを最適化 現事業への影響を基に変化を判断	顧客の業務を分析して、顧客の問題解決に資するすべての要素を組み合わせて提供 前倒しでビジネスモデルを進化 次世代事業の創出を基に変化を判断

資料：Rogers (2016), "The Digital Transformation Playbook", Columbia Business School Publishingを基に筆者加筆修正

第四は、研究や開発、生産の現場で、**仮説検証のための実験**が、AIやRoboticsなどのDXによって短期間で、かつ低コストで実現することが可能になっています。

　第五は、**顧客価値の創出に関する考え方**です。製品のみで価値を生み出そうとするのではなく、顧客の業務を分析し、顧客の問題解決に資するすべての要素を組み合わせて提供することで価値を生み出すという考えが、より一般的なものとして普及してきています。

　DXとは、**経営環境の変化を踏まえて、技術と戦略を統合し、事業の在り方を変化させること**です。バリュー・チェーンの川上である研究・開発、設計・デザインから、川中である生産・製造、加工・組み立て、川下のマーケティング、販売・営業、アフターサービスというそれぞれの機能やプロセスが、デジタル化で大きく革新する可能性を

図57　破壊性の有効性チェックリスト

自社	既存の競合	標的顧客
Value Network （価値ネットワーク）		Value Proposition （価値提供）
価値創出を支える機能は？ ● ● ●		ニーズに対する新たな価値は？ ● ● ●
模倣されることを防ぐ仕組みは？		従来の製品にとって代われるか？

資料：Rogers (2016), "The Digital Transformation Playbook", Columbia Business School Publishingを基に筆者加筆修正

秘めています。

　最後に、新たなバリュー・チェーンで、**顧客のニーズに対して新た
な価値を提供できるかどうか、その価値が従来の製品にとって代われ
るようなインパクトがあるかどうか**を評価します。同時に、その価値
を支える機能がバリュー・チェーンで補えるかどうかを確認しておき
ましょう。また、価値が高ければ高いほど、競合から模倣される可能
性もあります。それを防ぐ仕組みがあるかどうかも、事前に検討して
おきたいところです。

19 ステップ⑬　組織・制度　　　　　FUNCTIONAL STRATEGY

戦略を機能させるための
インフラをどう整えるか

》マッキンゼーの「7つのS」

　さて事業の範囲が定まり、競争戦略、マーケティング戦略、それを支える機能戦略が明確になった段階で、**各種戦略を機能させるための社内インフラ**としての**組織・制度**についても考えなくてはなりません。

　ここでは、マッキンゼーで採用されている**組織を機能させるための「7つのS」**について解説します。また、戦略を推進していくためには、状況に応じて組織を変革させていくことも必要になるかもしれませんので、組織変革のためのポイントについても最後にコメントします。

　マッキンゼーの「7つのS」とは、マッキンゼー・アンド・カンパニーが、トム・ピーターズとロバート・ウォーターマンの考えに基づいて、**組織が戦略を実行に移す際に互いに補完し影響し合う要素を7つにまとめたもの**です。7つの要素の頭文字をとって"7Sモデル"と呼ばれています。

　強い組織を作るためには、まず**価値観**を共有しておくことが望まれます。これが**shared value**です。価値観を具体的に表現したものが**戦略/strategy**であり、戦略を推進するためには**組織/structure**とそれを動かす**制度/system**が必要です。また、そうした**戦略を実現してくれる人/staff**とその人たちの**技術/skills**の維持向上もポイント

です。そしてこうした6つの要素がシステムとして機能して生まれてくるのが**企業風土**、いわゆる**style**です。

「7つのS」のそれぞれの要素には、始まりもまた上下関係も存在しません。優れた企業では、各要素がお互いを補い、強め合うことで、常にゴールに向かって前進しています。

どのSが重要かということではなく、組織全体で最大の力を発揮できるかを考えることが重要です。

7つのS

Shared Value（共通の価値観）

Strategy（戦略）

Structure（組織構造）

System（システム・制度）

Staff（スタッフ）

Skills（スキル）

Style（企業風土）

「7つのS」は、さらに**ハードの3S**と**ソフトの4S**に分かれます。

ハードの3Sには、**戦略（Strategy）、組織構造（Structure）、制度（System）**が含まれます。戦略には、本書で繰り返しご説明しているような事業の範囲、競争戦略、マーケティング戦略、機能戦略などが含まれます。組織は、事業部制、機能別組織といったような組織の基本構造のことです。システム・制度は、意思決定、責任権限、情報伝達、人事制度、会議体、コンプライアンス関連など、組織を動かす仕組みのことを意味します。また、**ハードの3Sは、比較的変更することが容易なもの**と考えられます。

ソフトの4Sには、**共通の価値観（Shared Value）、経営スタイル（Style）、スキル（Skills）、人材（Staff）**が含まれます。共通の価値

観とは、従業員によって認識、共有されている価値観であり、組織のミッションと考えても良いと思います。経営スタイルとは、会社の社風や組織文化、またそれらを受けてどのような経営戦略を採用していくかのことです。スキルとは組織に備わっている独自のスキルや技術の複合体としてのコア・コンピタンスのことです。人材とは組織で働くスタッフ一人ひとりの集合です。

　ソフトの4Sは、企業の性格や技術にあたりますから、すぐに変えることは難しいと考えられます。ですから、組織変革をマネジメントする際には、場当たり的なアプローチではなく、変革の目的と7Sの現状をふまえて、しっかりした考えのもとに取り組む必要があるのです。

　上記の7Sの要素のうち、どれを欠いても組織の戦略実行は効率的に行われないというのが、7Sモデルの示唆するところです。

　最後に組織変革を推進する際のポイントについて、大事な点を次のページに列挙しておきます。

＜組織変革のポイント＞

①危機感の共有、醸成（現状分析をスタッフも含めて自ら実施する）

②部内での連帯感の構築（ビジョンの共創、全員参加の決起大会を
　実施する）

③部をブランド化（社内外での認知度アップ、イメージ向上、社内
　でサポーターを増やす活動を強化）

④変革プランの作成（抵抗勢力への対応、関係者への巻き込みも含
　めて）

⑤リスクと柔軟性（予期せぬ出来事に対する柔軟な対応、創発的ア
　プローチ）

⑥短期的な成果の実現（比較的初期の段階で小さな成功を仕組む）

⑦進捗の測定と評価（実行計画の追跡と数字上の成果だけではない
　多面的な評価をする）

⑧みんなで祝杯、セレブレーション（事業部内外でのコミュニケー
　ションを促進するための祝賀式）

資料：Tabrizi（2007）を参考に筆者作成

FUNGTIONAL STRATEGY

COLUMN 4

テクノロジー・ライフサイクル

「マーケティングの応用」（128ページ）のところでもコメントさせて
いただきましたが、イノベーションとはテクノロジーを過激に進化させ
るという売り手側の理論ではなく、むしろ顧客に受け入れられて生じる
ものと考えるならば、新技術の対象顧客や市場がどのような状況なのか
ということを考えて、今まで検討してきたような施策を改めて検討する
ことがポイントになります。

　ムーアの理論によりますと、テクノロジー・ライフサイクルにおける
最初のステージを構成する初期市場では、顧客の知識力がそもそもかな
り高く、情報処理能力も高いので、最先端の技術でも比較的スムーズに
普及すると考えます。しかし、そのような顧客は数として多くありませ
ん。売上はその後頭打ちになり、次の顧客である前期大衆顧客や後期大
衆顧客にまで、技術が普及せず終わってしまう可能性が高いのです。こ
れがキャズム（溝）と呼ばれるステージです。キャズムにはまらない方
法、または、それを乗り越えて、さらに持続的に技術を普及させていく
ための留意点を整理しておきます。

テクノロジー・ライフサイクル

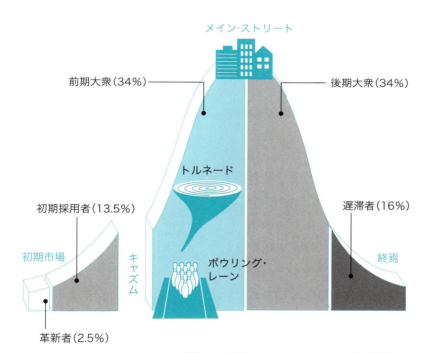

資料：Moore（2004），"Inside the Tornado"を基に筆者作成

テクノロジー市場におけるライフサイクルのマネジメント

ステージ	特徴	ポイント
初期市場	興奮が巻き起こり、新しいパラダイムへ我先に飛びつこうとする技術的熱狂者やビジョナリーが顧客。	研究・開発をベースにリード・ユーザーとのコラボレーション。
キャズム	深刻なスランプ期。初期市場の興奮が冷めてくる一方で、メイン・ストリームは製品の未熟さをきらい、まだ食指を動かさない。	メイン・ストリームの中の特定の顧客セグメント向けのトータル・ソリューションとしてのホール・プロダクトを提供する。いわゆるニッチ戦略の展開。既存のソリューションとの差別化を図る
ボウリング・レーン	メイン・ストリーム市場を標的にする前に、まず、特定のニッチな顧客を狙いすます時期。顧客側の強いニーズと開発企業側の積極性をベースに、ニッチ分野の需要を満たすホール・プロダクトが生み出される。	（製品・リーダーシップ）、特定の顧客セグメントに合わせて、同様の他社製品と差別化することに全力を集中する（カスタマー・インティマシー）。中心のピンをうまく倒すと、他のピンに波及するボウリングと同じ。
トルネード	メイン・ストリームが開花する時期。一般の顧客層が、新しいパラダイムをインフラとして採用し始める。	大衆市場向けの一般的な戦略。標準的なインフラを広く普及させるための製品・リーダーシップとオペレーショナル・エクセレンスがポイント。
メイン・ストリート	アフター・マーケットの時期。基本的なインフラが普及し終えて、さらなる可能性の追求に取り組み始める。	顧客中心のアプローチにもどり、マス・カスタマイゼーションを通して、インフラに付加価値を加える。カスタマー・インティマシーとオペレーショナル・エクセレンスが重要。

資料：Moore（2004）を基に筆者要約

注1: ホール・プロダクトとは、顧客の問題解決を実現するために、製品単体ではなく、関連製品や補完サービスを含めて提供することを意味する。
　2: カスタマー・インティマシーとは、個々の顧客と親密な関係を築き上げることで、その顧客の求めているものや悩みを理解することができるようになり、顧客にフィットする製品を提供することができるようになるという考え。
　3: オペレーショナル・エクセレンスとは、業務改善プロセスにより、業務オペレーションが磨き上げられ、競争優位性を発揮するレベルになっている状態。企業の競争源泉の重要要素として位置づけられることもある。OPEXとも言われる。
　4: マス・カスタマイゼーションとは、低コストの大量生産プロセスと柔軟なカスタマイゼーションを組み合わせた概念。大量生産に近い生産性を保ちつつ、個々の顧客のニーズに合う商品やサービスを生み出すシステム。

SOCIAL BOND

PART 4

強い会社は、
目に見えないものも
「評価」する

《業績・成果》

20

SOCIAL BOND

経営戦略の成果は
どのように測定するのか

≫ 事業戦略は「数字」で表現できてナンボ

　かなり前のお話になりますが、某メーカー国際部主催のプレゼンテーション大会に参加させていただいたことがあります。

　国際部のメンバーが、海外事業戦略を自社の経営陣に提言するという趣旨のプレゼンテーション大会でした。新興市場における市場開発戦略、欧米のニッチ・セグメントに深く浸透する戦略、アジア向けの新製品開発戦略等、各チームから大変刺激的な戦略オプションが提言されました。私の役割は、各チームに質問をして、最後にまとめのコメントをするというものでした。

　海外市場ということで、現状分析がかなり難しいと思われましたが、JETRO等で二次資料を集め、限られた対象者ではあったものの、フォーカス・グループ・インタビューも実施し、仮説の検証もそれなりにできていました。「社長！ぜひやらせてください！」的な熱いトークもあり、プレゼンテーション大会としては、大成功のような雰囲気がありました。

　しかし、**経営陣の多くが、これはいける！という確信を得られずにいた**わけです。その理由は、いったい何だと思いますか。

148

» 売上モデルはより良い戦略を考えるためのもの

それは、事業戦略の最後の仕上げである**売上モデル**、**利益モデル**が入っていなかったということなのです。

プランはそれなりに工夫された内容で、事業戦略としてはなかなかおもしろい提案もありました。しかし、肝心の、このプランをやればこれだけ儲かるというメッセージが欠如していたのです。

熱いプレゼンを聞いたあとで経営トップがおもむろに聞く質問は、「で、結局いくら儲かるのかな？」です。**その戦略を実施することにより、どのような投資が必要になり、どの程度の売上や利益が期待されるのか、どの程度の事業価値が生み出されるのか**という視点がなければ、戦略の善し悪し、あるいは、戦略の改善方向を議論することは難しいのです。

戦略の機能評価・改善のために売上モデルをとりあえず作成し、それを基にさらに魅力的な戦略オプションを検討することが売上モデルを活用する理由です。

もちろん、セグウェイ[31]のようなまったく新しいコンセプトの製品について売上をモデル化することは難しいのですが、それでも、仮説として設定した標的市場のみで当初想定した事業規模に達するのか、そのボリュームで損益分岐点に達するのかなどの議論は十分可能です。

売上予測は、的中させるために行うのではなく、戦略オプションを検討して、より良い内容にしていくためのプロセスということです。

» 事業活動の成果指標

本書では、ここまでシステムとしての経営戦略を、企業戦略および事業戦略の構成要素を中心に検討してきましたが、最後の仕上げとして、**戦略を数字で表現することにより事業の本質やリスクを理解することの重要性**について言及しておきたいと思います。

経営の成果としては、上記のような売上とか利益といった定量的な

31　セグウェイ：
2000年代初期にアメリカの発明家ディーン・ケーメンを中心に開発された電動立ち乗り二輪車。当時画期的なコンセプトと言われたが、用途分野と優位性があいまいだったこと、いまひとつ洗練されないスタイル等で普及が遅れた。

指標が重要なのですが、実は売上とか利益と同じくらい大事な定性的な指標があります。それが**ブランド**です。**顧客との強い関係性、いわゆる絆**が形成されていなければ、長期継続的に競争優位を構築することは困難です。商品の機能や品質で一時的に差別化できたとしても、長期的な優位性の維持にとって十分ではありません。本書では、戦略の成果を定量的な要素（売上、利益）と定性的な要素（ブランド）に分けてコメントします。

» 伝統的な手法で十分シミュレーションできる

成果を上げる手段はいろいろ考えられると思いますが、それぞれの手段には当然コストがかかることを忘れてはなりません。各手段を選択することによって、**どの程度の売上を上げれば、その手段にかかったコストを正当化できるのか**ということを簡単にチェックする伝統的な方法があります。**BEP（損益分岐点）分析**です。まず基本概念を説明します。

利益額 ＝収益－費用
　　　 ＝（販売数量×単位売価）－（販売数量×単位変動費）－固定費
　　　 ＝販売数量×（単位売価－単位変動費）－固定費
　　　 ＝販売数量×単位貢献利益－固定費
　　　 ＝貢献利益－固定費

販売数量（unit volume）とは一定の期間における製品・サービスの取引件数です。単位売価（unit price）とは、当該企業（製造業）に支払われる金額（小売価格からチャネル・マージンを引いた額）のことを意味します。単位変動費（unit variable cost）は、直接製品に割り当てることのできる変動費（売上に比例的に発生する費用）の合計です。固定費（fixed cost）とは、製品を製造・販売するのに必要な費用で、

かつ、直接製品には割り当てることのできない固定費（売上高の変化には関係なく一定額として発生）の合計です。営業人件費、販売・一般管理費等で、製品に配分可能な場合は除きます。単位貢献利益（unit contribution）とは単位売価から単位変動費を引いたものを意味します。

さらに損益分岐点の計算は、固定費や単位貢献利益が変動する場合によって**①基本形②固定費変動ケース③単位貢献利益変動ケース④固定費および単位貢献利益変動ケース**の4つのパターンに分類することができます。例題と一緒に見ていきましょう。

①基本形

> 損益分岐点販売総数量⇒ 売上高－総費用＝0
>
> 販売数量×（単位売価－単位変動費）－固定費＝0
>
> 販売数量＝固定費÷（単位売価－単位変動費）
>
> 　　　　＝固定費÷単位貢献利益

それでは、次のようなケースの場合は、どう考えたら良いでしょうか。ここではM＝×1,000とお考えください。

例題1：ＡＢＣ製作所が希望小売価格￥1,000の製品Ａを製造。小売レベルでの実勢市場価格は￥900。流通マージンは￥400。単位変動費は￥300。固定費は広告費として￥170MM、消費者向けプロモーションとして￥50MM、代理店等の流通向けプロモーションとして￥120MM、営業チーム関連費用として￥200MM、そして販売・一般管理費として￥60MMが想定される。この場合、製品Ａの損益分岐点販売総数量をお答えください。

解答：300万個

　　　損益分岐点販売数量＝固定費÷単位貢献利益

　　　＝600MM÷200＝3,000,000

　　　単位貢献利益＝900－400－300＝200

　　　固定費＝170MM+50MM+120MM+200MM+60MM＝600MM

固定費や単位貢献利益が変動しない基本形の場合には、全体にかかる固定費の総額を単位貢献利益で割ることによって、損益分岐点となる販売数量を求めることができます。

②固定費変動ケース

> 損益分岐点の増減額＝固定費増加額÷単位貢献利益

例題２：ＡＢＣ製作所では製品Ａの広告費として150MMの追加予算を検討中。この増額によって、従来と同じ損益分岐点を確保するために必要な製品Ａの販売数量はどのように変化するか。新たに必要な追加販売数量をお答えください。

解答：75万個

　　　損益分岐点販売数量増加額

　　　＝固定費増加額÷単位貢献利益

　　　＝150MM ÷ 200 = 750,000

③単位貢献利益変動ケース

> 損益分岐点の増減額＝（従来の販売数量×単位貢献利益の減少*）÷
> 新たな単位貢献利益
>
> *単位貢献利益の減少＝従来の単位貢献利益－新しい単位貢献利益
> 　　　　　　　　＝（従来の単位売価－従来の単位変動費）－（新しい
> 　　　　　　　　　単位売価－新しい単位変動費）
> 　　　　　　　　＝（従来の単位売価－新しい単位売価）＋（新しい単
> 　　　　　　　　　位変動費－従来の単位変動費）
> 　　　　　　　　＝単位売価の減少＋単位変動費の増加

例題３：ＡＢＣ製作所では毎年コンスタントに9,000,000ユニット販売してきた実績がある。現在、￥50の値引きを検討中。仮に値引き

を実施する場合、新たな単位貢献利益は？　貢献利益の減少に応じて、新たに必要になる追加販売数量をお答えください。

解答：300万個

損益分岐点販売数量増加額
＝従来の販売数量×単位貢献利益の減少÷単位貢献利益
＝ 9,000,000 × 50 ÷ 150 ＝ 3,000,000

④固定費および単位貢献利益変動ケース

損益分岐点の増減額＝(固定費増加額＋従来の販売数量×単位貢献
　　　　　　　利益の減少*)÷新たな単位貢献利益

*単位貢献利益の減少＝従来の単位貢献利益−新しい単位貢献利益
　　　　　　　　　＝(従来の単位売価−従来の単位変動費)−(新しい
　　　　　　　　　　単位売価−新しい単位変動費)
　　　　　　　　　＝(従来の単位売価−新しい単位売価)＋(新しい単
　　　　　　　　　　位変動費−従来の単位変動費)
　　　　　　　　　＝単位売価の減少＋単位変動費の増加

例題4：ＡＢＣ製作所では広告費として¥150MMの追加予算を検討中。同時に、¥50の値引きを検討中。ABC製作所の従来の販売実績は、9,000,000ユニット／年。値引きによって単位貢献利益は¥150となる。固定費の増加と貢献利益の減少によって、新たに必要になる追加販売数量をお答えください。

解答：400万個

損益分岐点販売数量増加額
＝(固定費増加額＋従来の販売数量×単位貢献利益の減少)
　÷単位貢献利益
＝150MM+9MM×50÷150＝4,000,000

21 ステップ⑭　ブランド・リレーションシップ　SOCIAL BOND

顧客との「絆」を
どうつなぐのか

》 ブランドは4つの階層で整理する

　ブランド・リレーションシップを構築するということは、**顧客との強い絆を創る**ことを意味します。ブランド・リレーションシップの質は以下のような項目によって測定することができます。

図58　ブランド・エクイティに関する質問項目（例）

要素	質問項目
Salience（認知度）	✓ 製品カテゴリーの中で、どのブランドが思い浮かびますか。 ✓ このブランドを聞いたことがありますか。 ✓ このブランドは、どのくらい頻繁に思い浮かべますか。
Performance （機能・品質）	✓ このブランドは、品質が良い。 ✓ このブランドは、あるべき機能を発揮している。 ✓ このブランドは、楽しいプロモーションを提供している。 ✓ 外観とデザインがスタイリッシュで魅力的である。
Imagery （連想/イメージ）	✓ このブランドの製品を使う人のことを、あなたはどのくらい好きですか。 ✓ あなたが尊敬している人たちは、このブランドの製品をどのくらい使っていますか。 ✓ 以下の言葉はどのくらいこのブランドに当てはまりますか（安心、青春、リラックス、活力、健康、誠実、大胆、成功、アウトドア向き…） ✓ 自分はこのブランドと一緒に育ったと、どのくらい感じられますか。
Judgement （判断）	✓ このブランドは、顧客のニーズをどの程度充足していますか。 ✓ このブランドのメーカーは、どのくらい知識が豊富だと思いますか。 ✓ このブランドを、どのくらいほかの人に勧めたいですか。 ✓ このブランドは、製品カテゴリーの中の他のブランドよりどのくらい優れていますか。
Feeling （フィーリング）	✓ このブランドにどのような感情を持っていますか（温かい、楽しい、安心、わくわく…） ✓ このブランドの製品を使うと、社会に認められると感じますか。 ✓ このブランドの製品を使うと、自分に誇りを感じますか。
Resonance （ロイヤルティ/絆）	✓ このブランドがなくなったら、非常に寂しい。 ✓ 他の人にこのブランドを愛用していることを知られたら誇りに思う。 ✓ このブランドを愛用する人に親近感を覚える。 ✓ わざわざほかの店舗を探してでもこのブランドの製品を買う。

資料：Keller（2001）を基に筆者一部加工

154

ブランド・リレーションシップは、根底から頂上まで上昇する連続的なステップを経て構築されると捉えることもできます。頂上が絆ですが、それを含めて4つの階層でブランドを整理しています。ブランド・レゾナンス・ピラミッド[32]です。

①認知を量的・質的にアップ（アイデンティティ）
　　↓
②ブランドの意味の了解（機能・品質／使用状況イメージ）
　　↓
③市場から望ましい反応の引き出し
　（理性的な判断／感情的な反応）
　　↓
④顧客との関係性・絆の構築
　（ロイヤルティ・コミットメント）

図59　ブランドの構成要素

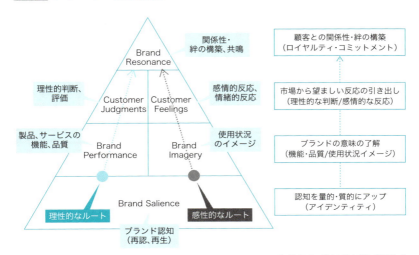

資料：Keller（2001）を基に筆者作成

32　ブランド・レゾナンス・ピラミッド：
ブランドの構築を根底から頂上まで上昇する連続的なステップと捉えることを、ブランド・レゾナンス・ピラミッドまたは顧客ベースのブランド・エクイティ・ピラミッド（CBBE）と呼ぶ。ダートマス大学のケビン・L・ケラー教授によって説かれた。

22 ステップ⑮ 事業性評価 SOCIAL BOND

売上と利益を
どう評価するのか

» 押さえるポイントは最小限で良い

　事業性評価と言うと、どうしてもファイナンスの知識を駆使して、事業の現在価値などを算出したうえで検討を加えないといけないと考えがちです。

　もちろん、高度なファイナンスの技術を使ってはいけないということではないのですが、事業の現在価値[33]やIRR[34]などのファイナンスのテクニックを適用するために必要な**キャッシュ・フロー（CF）が、そもそもどの程度の精度で求められるか**ということを考えて整合性をとらなければなりません。

　そもそも売上はどのようにして求めることができるのでしょうか。

　一般消費財のような市場を対象にする場合は、市場全体の中から標的市場を抽出して、それにシェアを掛けてそれに単価を掛け合わせて、はい、できあがりという具合ではないでしょうか。そこから想定される固定費と変動費をラフに見積もって売上から引いて利益を出すというレベルではないかと思います。

　事業戦略に関する事業性評価については、精緻な数字をきちんと押さえて計算をするというよりも、**ポイントとなる要素はきっちり押さえて、あとは大胆に仮説を使っていろいろ計算してみる**（これをシミ

33　事業の現在価値：
事業から創出されるCFを算出して、現在の価値に割り引いたものから初期投資額を差し引いたものが事業価値となる。

34　IRR：
Internal Rate of Return、内部収益率。事業計画から得られる現金収支の現在価値から初期投資額を差し引いた金額、つまり正味の価値（儲け）がゼロとなる割引率。

ュレーションと言います）というスタンスが良いのではないかと思います。

　将来のキャッシュ・フローの最大化を実現することを目的変数として、それを実現するための説明変数としての戦略オプションを考えるということです。

図60　将来想定されるCFの最大化

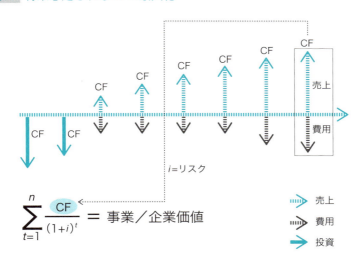

　念のために、事業戦略を売上、利益等で検討しないとどのような不都合が生じるのか確認しておきたいと思います。ざっとアトランダムにまとめると次のようになり、一言で言って、数量化しないことによって失うものは少なくないのです。

・優先順位を明確にできない
・どの解決策が最も利益に貢献するかが不明
・チームメンバーの実行に向けたやる気が限定される
・どの程度の価値を創出できるのかが不明

では、実際に数量化する際のポイントはどのようなものでしょうか。

基本的に、**簡便性**に主眼を置くべきです。英語で"封筒の裏でちょこっと計算するモデル"（a simple back-of-the-envelope model）と表現しますが、簡易シミュレーションをベースとすべきです。

例えば、ターゲット市場における顧客数、顧客ごとの購買単価、顧客の購買頻度、顧客獲得コストなどを押さえてモデルを作成し、モデルを構成するキー要素を変動させて簡易シミュレーションを行うことをお勧めします。

自社の戦略方向、競合ベンチマーク調査、過去のデータ等を参考に判断・評価しますが、どうしても仮説を知識化できないような場合においては、他の仮説を固定したままで、対象となる仮説を一定レベル変動させてインパクト調査を実施します。

売上モデルの作り方の例です。

売上＝プロジェクト件数×カバー率×勝率×プロジェクト単価

売上＝標的市場×出現率（採用率）×シェア×価格

売上＝ディストリビューター数×売上

売上＝市場規模×シェア

売上＝ユーザー数×ユーザーあたりの消費金額

売上＝個数×単価

売上＝トヨタ売上＋ホンダ売上＋日産売上

繰り返しになりますが、シミュレーションとは、キャッシュ・フローの要素を事業戦略の構成要素と関連させて、将来想定されるキャッシュ・フローを最大化するための戦略オプションを試行錯誤するためのプロセスと考えていただいたら良いかと思います。

図61 CFの要素と事業戦略要素

売上高

標的市場　　ターゲティング
×
シェア　←•　４Ｐ（製品、価格、販路、販促）
×
価格　←•　単価（価格）

－ 費用

固定費　←　４Ｐ（販路、販促関連費用）
＋　　•　機能戦略（開発、生産、物流等）
変動費　←　一般管理費

± 減価償却等 ＝ CF

SOCIAL BOND

COLUMN 5

イノベーションが求められているのは
戦略だけではない

　日本の名目GDPは1995年に5.3兆ドルのピークを迎え、その後20年にわたって、ほぼフラット状態です。日本企業の売上成長の長期低下傾向、利益の縮小傾向は、いわゆる「利益なき拡大」「構想なき成長追求」「規模の不経済」「無為無策経営」「戦略なき企業経営」などと揶揄されてきました。

　長期停滞の"失われた20年"の間に企業の体力、国の体力も脆弱化している。今こそ、大きな構想のもとで、選択と集中、そして持続的な競争優位の構築を考えなければならない。もはや、改善のみの対症療法的無作為経営、いわゆる"do nothing"的なアプローチは許されないのです。

　もちろん大きな構想のもとで再構築が求められているのは、戦略そのものだけではありません。戦略を実施していくための、あるいは、それを生み出すためのインフラストラクチャーとしての組織や制度についても同様なのです。

　日本の経済・社会システムそのものがいまだに「キャッチアップ型」であることの弊害が多くの専門家によって指摘されていますが、少なくとも、個々の組織レベルで、いわゆるコンピタンスの罠（ジェームズ・マーチ、1991）にはまっていないか、十分注意しなければなりません。

　ポイントは以下の通りです。

・既存の安定的な環境で仕事はできるものの、リスクをとったり、新しい分野に参入することは得意でない人を昇進させる手続きがベースになっていないか

・長期にわたって新しい技術に投資することより、現在の事業の利益を最大化する組織に報酬を与える体系になっていないか
・リスクを最小化して、儲かることが自明の事業やプロジェクトにのみ、資本を注入する予算になっていないか
・イノベーションの原点となる機能間や組織間の学習を阻害するような組織構造になっていないか
・忍耐や忠節を強調する企業文化によって、現在の業績のみを見て、将来の戦略がおろそかになっていないか

　上記の他にも、入社してから退社するまで一生同じ事業部で仕事をするような制度になっていないか、特定の事業部から他の事業部へ異動することで昇進が遅れるようなことがないか、いま一度考えていただきたいと思います。人材は、いろいろなことを経験して育っていくものです。
　ややマクロの話になりますが、新興市場としてのアジアの需要をカバーするため、アジアでの開発、生産を前提としたグローバル展開が加速することにより、海外移転という形式で一部の産業分野が国内から丸ごと撤退していくことも十分考えられます。
　その際にどのような産業を国内で促進し、顧客と所得を確保していくべきなのか。持続的な利益成長をテーマにした企業や事業ごとの戦略に加え、産業レベルの大きなビジョンのもとでポートフォリオ戦略を構想しておくことが求められています。

（注）コンピタンスの罠：企業がイノベーションを実現するためには、「知の探索」と「知の深化」の両立が必要。「知の探索」とは、知識の範囲を広げることであり、「知の深化」は、特定の分野の知識を継続的に深める活動と考えられる。「知の深化」に偏りすぎると、やがては視野が狭まり、企業としてのイノベーションが停滞することを意味する。

PRESENTATION

PART 5

強い会社は、やるべきことを明確に伝える

《プレゼンテーション》

23

PRESENTATION

戦略に深みを持たせる「伝え方」

》プレゼン資料は「4ステップ」で組み立てる

『強い会社が実行している「経営戦略」の教科書』というタイトルのもと、本書では、企業戦略、それを構成する事業戦略、事業戦略と密接に関連するマーケティングと機能戦略、そしてこのような各種戦略を支える組織・制度などのテーマについて、私がビジネス・スクールや企業研修で講義したり、コンサルティングの会議等で解説している内容を解説してまいりましたが、いかがでしたでしょうか。

　ここでは、戦略策定の仕上げとして、**プレゼンテーション資料の作成**についてポイントを解説します。

> ポイント1：事業目標の実現に有効と判断される戦略要素を組み合わせて事業戦略案を作成する
>
> ポイント2：事業戦略案を言語モデル、図式モデルを使ってシナリオ化すると同時に、シナリオに含まれる仮説をリストアップして、事業としての不確実性を把握する
>
> ポイント3：事業戦略案をピラミッド・ストラクチャーで編集して、ビジネス・プランとして完成させる
>
> ポイント4：ビジネス・プランを基に、エグゼクティブ・サマリーを作成する

図62 目標の実現に有効と判断される戦略要素を抽出

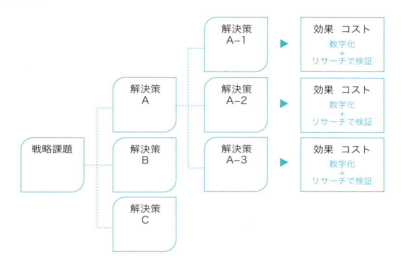

図63 戦略要素を組み合わせて事業戦略案を作成

● 基本方向
　・目標(売上・利益・シェアなど)
　・事業の範囲(製品・市場領域)

● 戦略
　・競争戦略
　・マーケティング戦略
　　・STP
　　・4Ps
　・機能戦略(バリュー・チェーン)

● 組織・体制

24 ポイント①   PRESENTATION

事業目標の実現に有効な
戦略要素を組み合わせる

≫ 事業戦略のポイントを押さえる

　目標達成に有効と判断される戦略課題、また各課題を解決するための有効な解決策（戦略要素）を組み合わせて事業戦略案を作成します。ここまでの内容の振り返りになりますが、事業戦略案の項目とポイントは以下の通りです。

1.　事業概要（ビジョン）

　企業戦略で明確に示されている企業のミッションおよび目標をふまえて、当該事業で達成したい、ありたい姿としてのビジョンを定義。

2.　現状分析（市場、競合、自社、環境）

　SWOT分析対象としてのCustomers（市場）、Competitors（競合）、Context（マクロ環境）の範囲を定め、Company（自社資源）も含めて、現在から将来にかけてどのように変化するかを深く考察し、方向性を提言するうえで重要な要素をシンプルに記述。

3.　基本方向

目標（売上・利益・シェアなど）

　SMARTに設定することがポイント（88ページ参照）。

事業の範囲（製品・市場領域）

　目標を達成するための事業の範囲（scope of business）を選択する。事業の範囲は、製品・市場で定義されることが多いが、この事業をどのように定義するかということが、事業としての成長可能性を直接的に規定することになる。競争戦略やマーケティング戦略に大きく影響を与えるという点で、事業範囲の明確化は大変重要なテーマ。妥協なく、とことん考え抜くことが重要。

４．各種戦略

競争戦略

　目標を達成するために事業範囲の中で、どうライバル会社と戦って勝つかを宣言する。平均的な企業に比べて、WTP(顧客にとっての価値) を高めていくか、それともWTPは同じでも、生産コストを下げて、比較的低い売価で提供するのかという基本方向を明確にする。

マーケティング戦略（STP＋4Ps）

　選択した事業の範囲の中で、具体的な顧客市場を厳選し、お客様の満たされないニーズに対する自社としてのユニークなソリューションを考え抜いたうえでそれをポジショニング・マップとして表現して、４Pに展開する。これが売上モデル、費用モデルと直接結びつく。いい加減なシナリオでは売上モデルにつなげられない。

機能戦略（バリュー・チェーン）

　顧客価値を創出するための研究・開発、生産・製造、営業・販売、品質管理、物流等を検討する。

5．組織・体制

　すべての打ち手を推進するために必要なインフラストラクチャーとしての組織、体制、自身のリーダーシップも含めてポイントを記述する。

25 ポイント② PRESENTATION
事業戦略案に含まれる仮説をリストアップする

》シナリオ化すると同時に仮説をリストアップする

言語モデル、図式モデルを使って事業戦略案をシナリオ化します。

また計画段階であれば、事業戦略案には何がしかの仮説が含まれています。仮説が多く含まれている戦略の場合、当然リスクは多くなりますので、実行に際して**それらの仮説がどの程度検証される必要があるのか**を明確にしておきます。そして、事業戦略を実施するまでに、**どのような形で個々の仮説を検証し知識化するか**計画しておきます。例えばフォーカス・グループ調査、インデプス・インタビュー、サーベイ調査、二次資料調査などの手法が考えられます。

図64 シナリオに含まれる仮説のリストアップ

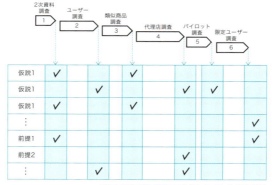

資料:大江(1998)『なぜ新規事業は成功しないのか』日本経済新聞社

図65-1 シナリオ（言語モデル）

　欧米の完成品メーカーは、生産のアウトソーシングにより、効率アップを図ってきたが、その過程で工場や製造部門が不要になる。当社の戦略は、そのような欧米の完成品メーカーから中古の生産設備を購入し、それを活用しながら、コントラクト・マニュファクチャラー（いわゆるEMS）として、生産シェアを大きく伸ばすというものであった。
　今後も完成品メーカー＝OEMのアウトソーシングの受け皿として機能することにより、一定の受注を確保すると同時に、グローバル市場で高い成長が期待され、かつ、OEMと直接競合しないミドルクラスとロワークラスの市場セグメント向けに、コスト・パフォーマンスの高い自社ブランド製品を提供していく。上記の方針のもと、同セグメントの成長に貢献すると同時に、セグメント内シェアの拡大を図る。下記がコスト削減方策である。

- ●必要最小限の機能に特化した製品コンセプト（設計簡素化によるコスト削減）
- ●大規模生産システムの構築（規模の経済）
- ●大企業からのシニア熟練工採用（経験曲線効果）
- ●教育訓練費用の削減
- ●オープン・モジュラー型の設計（生産コスト削減）

　最後は、上記の施策に基づく、破壊的な低価格戦略を実践して競合他社に対する圧倒的な競争力を実現する。

資料：笠原（2011）より筆者抜粋・要約

図65-2 シナリオ（図式モデル）

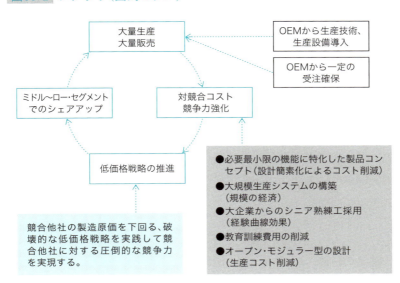

26 ポイント③   PRESENTATION

事業戦略案をピラミッド・ストラクチャーで編集

» 現状分析、総論戦略、各論戦略の3つのブロックで表現

　事業戦略案をピラミッド・ストラクチャーで編集して、ビジネス・プランとして完成させます。一見ビジネス・プランのようで、実際はかなり趣旨が異なる報告書は実際のところ少なくありません。事業戦略報告書に求められる要素として3つ挙げられます。一つは、**Why**です。**なぜ、この戦略を実施していく必要があるのか**ということ。二つめは、**What**です。**実際に何をしたら良いのか**。最後は、**How**です。**具体的にどのようにして戦略を展開するのか**。

　ありがちな、悪い報告書の例を列挙してみました。

- 分析テンプレートのオンパレード（分析屋さんによるVC、5F分析、SWOT等の分析ツール活用集のようなもの）
- 売上・費用のシミュレーション（何月何日までに、売上をこれだけ達成、そのために費用がこれだけかかりますという説明書き）
- 自部門のコミットメント宣言書（目標を頑張って達成しま〜す！私を信用してください！的な気合炸裂タイプ）
- 経済産業省や総合研究所風のポンチ絵（やりたいことをイラストを使って魅力的に表現、それで、戦略となると？？？？？）

形式にとらわれるあまり戦略の中身をおろそかにすることのないよう、**現状分析に基づいたWhy、全体としての方向を指し示す総論としてのWhat、戦略を実現するための各論戦略としてのHowという3つのポイント**を押さえるようにしましょう。

図66 報告書の骨子

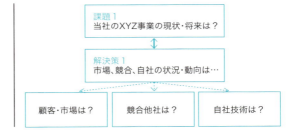

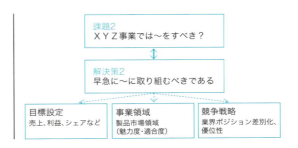

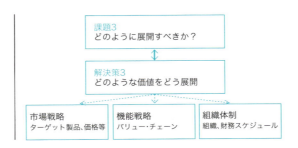

27 ポイント④   PRESENTATION

要点を絞って
サマリーを作成

» ビジネス・プランを基にエグゼクティブ・サマリーを作成

　最後に、ビジネス・プランを基に、**要点を絞ってエグゼクティブ・サ**
マリー（戦略全体の要約）を作成します。

　仮に複数の事業戦略案が存在するならば、それらを比較検討して、
最良と思われる特定の事業戦略案を選択します。

　評価の方法は、各案のメリットとデメリットを検討することもでき
ますし、市場の魅力度（規模、成長性、競争状況がどの程度か）と自
社資源適合度（開発力、生産力、販売力などがどの程度対象事業で活
用できるか）という2つの視点から定量的に評価することも可能です。
もし定量評価でも明確に結論が出ない場合は、経営理念にどちらが適
合しているかという評価軸と経済的なリターンで判断することになる
と考えます。

　一般的に評価軸は以下の通りです。

・それぞれの戦略を採択するメリット、デメリット
・市場の魅力度、自社資源の適合度
・リスク、リターン
・効果、コスト
・定量評価（経済性）、定性評価（信頼、認知度、ブランド、関係性
　など）

そして最後の決め手は、**バリュー（理念）**と**ナンバー（売上・利益）**です。

図67 エグゼクティブ・サマリーの例

ビジョン	世界の工場から世界のブランドになる
現状分析	新興国では、QOLを志向するミドル・セグメントが急速に拡大する見込み。買いやすい価格帯での良質な家電製品に対するニーズがグローバル的に高まっている。先進国メーカーは全般的にオーバー・スペック。EMSとして培った生産技術とコスト競争力が自社の強み。
目標	ミドル・レンジでの家電領域で世界シェアNo.1。
事業の範囲	コスト・パフォーマンスの高い家電製品を広いラインアップでグローバルに展開。
競争戦略	大量生産、大量販売に基づくコスト・リーダーシップ戦略を広い市場で展開。
市場戦略	新興国でのミドルクラス向けに、良質な家電を買いやすい価格帯で提供。電子レンジ、炊飯器、冷蔵庫、洗濯機、空調等をフルセットで展開。競合他社の原価を下回る売価の設定を基本に、破壊的な価格政策を実践して、世界シェアトップを目指す。チャネルはe-コマースによってリーチの最大化を図る。
機能戦略	必要最小限の機能に特化した製品コンセプト（設計簡素化によるコスト削減）、大規模生産システムの構築、大企業からのシニア熟練工採用（経験曲線効果）、教育訓練費用の削減、オープン・モジュラー型の設計。生産拠点は中国に集約。研究・開発はテーマ別に拠点を選択。
組織・体制	グローバル・ブランドの一貫性、統一性を重視して、トップ・ダウン体制で。

PRESENTATION

28 わかりやすさを追求する

» シンプルに、ロジカルに

　最後になりますが、パワー・ポイントを使ってレポートにする場合は、文字だけで表現するのではなく、**パワフルなチャートとコメントのセットで表現する**ことをお勧めしたいと思います。

　マーケティングには知覚品質、知覚価値という考えがありますが、ビジネス・プランも一緒です。どんなに内容的に優れた提言でも、魅力的で考慮する価値があると思ってもらえなくては意味がないのです。複雑で高度な内容でも、シンプルに、ロジカルに、わかりやすく。プレゼンの極意はそこにあります。

図68　分析と提言のコンビネーション

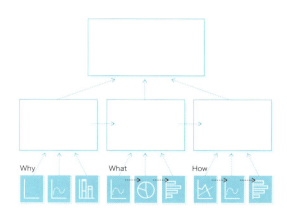

図69 ビジネス・プランのチェックポイント

企業戦略で明確にされている企業の目標およびミッションをふまえて、当該事業で達成したい、ありたい姿としてのビジョンをシンプルに定義。

分析対象としてのCustomers、CompetitorsやContext（経営環境）の範囲を定め、Company（経営資源）も含めて、現在から将来にかけてどのように変化するかを真剣に考察し、事業戦略の提言上、重要な要素をシンプルに記述。

ビジョンを具現化するためのマイルストーンとしての売上、利益、シェア目標を明確に設定。

目標を達成するための事業の範囲（scope of business）を選択する。事業の範囲は、製品・市場で定義されることが多いが、この事業をどのように定義するかということが、事業としての成長可能性を直接的に規定することになる。競争戦略や市場戦略（STP）に大きく影響を与えるという点で、事業範囲の明確化は大変重要なテーマ。妥協なく、とことん考え抜くことが重要。

目標を達成するための事業の範囲の中で、どうライバル会社と戦って勝つかの宣言。平均的な企業に比べて、WTP（顧客にとっての価値）を高めていくか、それともWTPは同じでも、生産コストを下げて、比較的低い売価で提供するのかという基本方向を明確にする。

選択した事業の範囲の中で、具体的な顧客市場を厳選し、お客様の満たされないニーズに対する自社としてのユニークなソリューションを考え抜いたうえでそれをポジショニング・マップとして表現して、４Ｐに展開する。これが売上モデル、費用モデルと直接結びつく。いい加減なシナリオでは売上モデルにつなげられない。

競争戦略や市場戦略を具体的に展開するための各種機能戦略（開発、生産、品質管理、物流等）を検討する。

そして最後ではあるが、極めて重要な項目として、すべての打ち手を推進するために必要なインフラストラクチャーとしての組織、体制、自身のリーダーシップも含めてポイントを記述する。

目　次

1. 事業概要
   - ビジョン

2. 現状分析
   - 4C（市場、競合、自社、環境）
     SWOT

3. 基本方向
   - 目標（売上・利益・シェアなど）
   - 事業の範囲（製品・市場領域）

4. 各種戦略
   - 競争戦略
   - 市場戦略
     ・ＳＴＰ
     ・４Ｐｓ
   - 機能戦略（バリュー・チェーン）

5. 組織・体制
6. 売上モデル・費用モデル
7. 最後に：承認事項

おわりに

　本書の執筆に着手したのが、気象庁から例年にない早い段階で梅雨明け宣言が出された2013年7月上旬の土曜日で、あとがきまで実質2週間で一気に書かせていただきました。

　その間出張が重なり、十分集中して書斎に向かう時間がとれず、クライアントの会議室、大学の講義室のかたすみ、移動中の飛行機や新幹線の中での執筆作業だったため、過去の文献をこまめに当たることができませんでした。

　しかし、時間が限られていたというのは、無駄をそぎ落とすにはうってつけの環境だったのではないかと感じています。

　本書の目的が、研究書を書くことではなく、実際に意思決定をしながら成果を追求していかなければならない実務家の皆様にとって、本当に意味のある戦略やマーケティングのエッセンスを、ばらばらのパーツではなく、体系的に提供できるレクチャー・ノートのようなものとしてご提供したいということだったからです。

　この構想を思いついたのは今年の春、研究のため滞在していたコロンビア大学での研究スタッフとのミーティングの最中でした。

　「我々は必死になって成功企業のビジネスモデルなどを研究しているけど、そもそも成功企業のビジネスモデルを研究して、同じようなモデルを作っても同質化するだけで、かえって収益が低下するのではないか？　本来やるべきことは、他社との違いを打ち出していくことではないのか？」という会議参加者からのコメントでした。

　これはごくごく当たり前のことですが、戦略やマーケティングを研究するということは、違いの出し方を考えるということです。型破り

くらいの違いを作る（これを英語でmake a differenceと言います）ためには、型を理解する必要があります。型を理解しないまま、違いを作ろうと思っても、それこそ形無しになってしまいます。

もちろん、リーダー企業がチャレンジャーに対して同質化して、チャレンジャーに対する優位性をなくすというやり方もあります。その場合も突き詰めればチャレンジャーに対してコスト競争力で違いを出していくことです。こうした違いの出し方の引き出しをたくさん用意して、それを全体的に有機的に組み合わせることができるようにするにはどうしたら良いのだろうかというのが、本書を書くきっかけになっています。

忙しいビジネスの現場で、ホワイトボードやフリップチャートを前にしながら違いを議論していくためには、百科事典のような経営書では"オーバー・エンジニアリング"です。

本当にお客様にとってうれしいことって何なのか、それを感じながら、できるだけ模倣されにくく、それでいてシンプルな仕組みにするためにはどうしたら良いのか、こうした思考や活動を作法として磨いていくための参考書があれば、もっと経営の現場が楽しくなるにちがいない。このような思いで書かせていただきました。

ところで、皆様はcreativityとinnovationの違いについて考えたことはありますか。

私の持っている英英辞典には、creativity is thinkng new thingsというニュアンスで説明されています。そしてinnovationはdoing new thingsです。

考えることは誰でもできるし、良いアイデアを思いつく人も少なくないです。しかし、それを実践して価値を創造できる人は、ごく一部なのではないでしょうか。

グローバルで必要な人材は、単なるクリエーターではなく、イノベーターでなければならないと思います。新しいことを考えるだけではなく、アイデアを具現化するために必要なことを、丸ごと仕切ることのできる全体感を持った人材です。

　本書が、このような人材育成の一助になれば、著者としてこれ以上の喜びはありません。

　　　　　　　　　　　　　　　　　　　　　　　　　　笠原英一

参 考 文 献

Aaker, David A. (2005), *Strategic Market Management*, John Wiley & Sons, Inc.

Abell, Derek F.(1980), *Defining the Business: The Starting Point of Strategic Planning*, Prentice Hall

Ansoff, Harry I.(1968), *Corporate Strategy*, McGraw-Hill　広田寿克訳（1969）『企業戦略論』産業能率短期大学出版部

Arndt, Johan (1979), "Toward a Concept of Domesticated market", Journal of Marketing, Vol. 43, No.4 (Fall), 69-75

Christensen, Clayton M. (1997), *The Innovator's Dilemma*, Harvard Business School Press　玉田俊平太監修、伊豆原弓訳、(2001)『イノベーションのジレンマ』翔泳社

Fournier,Susan (2009),"Lessons Learned about Consumers' Relationships with Their Brands", *Handbook of Brand Relationships*, Society for Consumer Psychology

Freiberg, Kevin & Jackie (1996), *Nuts!*, Broadway Books　小幡照夫訳、(1997)『破天荒 *!*』日経 BP 社

Saloner Garth, Shepard Andrea & Podolny Joel(2001), *Strategic Management*, John Wiley & Sons, Inc.　石倉洋子訳、(2002)『戦略経営論』東洋経済新報社

Kaplan, Robert S. & Norton, David P.(2004), *Strategy Maps: Converting Intangible Assets into Tangible Outcomes*, Harvard Business School Press

Keller, Kevin L.(2007), *Strategic Brand Management: Building, Measuring, and Managing Brand Equity*, Pearson Prentice Hall

Kotler, Philip (2002), *Marketing Management 11th*, Prentice Hall International Editions

Lodish, Leonard M., Morgan, Howard Lee & Kallianpur, Amy (2001), *Entrepreneurial Marketing*, John Wiley & Sons International　笠原英一訳・解説（2004）『成功した起業家が毎日考えていること』KADOKAWA

Hutt, Michael D. & Speh, Thomas W. (2004), *Business Marketing Management*: *A Strategic View of Industrial and Organizational Markets*, South-Western　笠原英一訳・解説（2009）『産業財マーケティング・マネジメント』白桃書房

Mintzberg, H., Ahlstrand, B. & Lampel, J.(1998), *Strategy Safari: A Guided Tour through the Wilds of Strategic Management*, Free Press

Moore, Geoffrey A. (2004), *Inside the Tornado*, Harper Collins

Morgan, Robert M. & Hunt, Shelby D. (1994), "The Commitment-Trust Theory of Relationship Marketing", Journal of Marketing, Vol.58(7), 20-23

Narayandas, D. (1995),"Long-Term Manufacturer-Supplier Relationships: Do They Pay off for Supplier Firms?" Journal of Marketing, Vol.59, No. 1

Narayandas, Das (2003),"Customer Management Strategy in Business Markets", Harvard Business School Working Paper #N9-503-060

Dolan Robert J. (1997),"Note on Marketing Strategy", Harvard Business School（大学での講演における講義ノート）

Rogers, David L.(2016) *The Digital Transformation Playbook*, Columbia Business School Publishing

Tabrizi, Behnam N. (2007), *Rapid Transformation: A 90-Day Plan for Fast and Effective Change*, Harvard Business School Press

井上崇通（2012）『消費者行動論』同文舘出版

大江健（1998）『なぜ新規事業は成功しないのか』日本経済新聞社

笠原英一（2003）「いま、本当に愛される企業とは？　顧客との関係構築のための３つの接点」『Link』Vol.214 Spring、4-11

笠原英一（2004）『経営学のことが面白いほどわかる本』KADOKAWA

笠原英一（2005）「米国マニュファクチャラーズ・レップの関係性マネ

ジメント」『現代マーケティングの革新と課題』柏木重秋編、東海大学出版会

久保田進彦（2006）「リレーションシップ・マーケティングのための多次元的コミットメントモデル」『流通研究』第9巻、第1号（6月）、59-85

嶋口充輝（1994）『顧客満足型マーケティングの構図』有斐閣

嶋口充輝（2000）『マーケティング・パラダイム』有斐閣

延岡健太郎（2002）『製品開発の知識』日経文庫

延岡健太郎（2006）『MOT［技術経営］入門』日本経済新聞社

福田昌義編著、笠原英一、寺石雅英著（2000）『ベンチャー創造のダイナミクス』（平成13年度中小企業研究奨励 本賞受賞）文眞堂

装丁　西垂水敦・市川さつき（krran）
本文図版　大野文彰（大野デザイン事務所）
本文デザイン　吉田日和（エヴリ・シンク）

笠原英一（かさはら・えいいち）
博士（Ph.D.）アジア太平洋マーケティング研究所所長、立教大学大学院ビジネスデザイン研究科客員教授。アリゾナ州立大学サンダーバード国際経営大学院、ノースウェスタン大学ケロッグ経営大学院（Executive Scholar）、早稲田大学大学院後期博士課程修了。
専門は、産業財マーケティング、戦略的マーケティング、消費者行動論、グローバル・マーケティング、ベンチャー・マネジメントなど。近著として Practical Strategic Management:How to Apply Strategic Thinking in Business, World Scientific (2015)、『戦略的産業財マーケティング』東洋経済新報社（2018）、『グローバル戦略市場経営』白桃書房（翻訳・解説、2017）、『[改訂版] 経営学のことが面白いほどわかる本』KADOKAWA（2014）他論文多数。日米の機関投資家にファンド・マネジャーとして勤務。1989年に株式会社富士総合研究所（現みずほ総合研究所）マーケティング戦略・笠原クラスターにてコンサルティングを実施。現在は大学院における研究・教育活動と並行し、国内外の産業財企業に対して、戦略からマーケティング、研究開発等を統合した機能横断的なコンサルティングを東京とシンガポールを拠点に実践している。

かいていばんつよ かいしゃ じっこう
改訂版 強い会社が実行している
けい えい せんりゃく きょうか しょ
「経営戦略」の教科書

2019年 8月23日　初版発行
2024年10月20日　4版発行

かさはら　えいいち
著者／笠原　英一

発行者／山下　直久

発行／株式会社KADOKAWA
〒102-8177　東京都千代田区富士見2-13-3
電話　0570-002-301（ナビダイヤル）

印刷所／TOPPANクロレ株式会社

DTP／有限会社エヴリ・シンク

本書の無断複製（コピー、スキャン、デジタル化等）並びに
無断複製物の譲渡及び配信は、著作権法上での例外を除き禁じられています。
また、本書を代行業者などの第三者に依頼して複製する行為は、
たとえ個人や家庭内での利用であっても一切認められておりません。

●お問い合わせ
https://www.kadokawa.co.jp/（「お問い合わせ」へお進みください）
※内容によっては、お答えできない場合があります。
※サポートは日本国内のみとさせていただきます。
※Japanese text only

定価はカバーに表示してあります。

©Eiichi Kasahara 2019　Printed in Japan
ISBN 978-4-04-604432-7　C0034